高职高专工学结合课程改革规划教材

交通职业教育教学指导委员会
交通运输管理专业指导委员会　组织编写

Duoshi Lianyun Shiwu
多式联运实务
（第二版）

（物流管理专业用）

严南南　主　编
王海建　副主编
袁炎清　主　审

人民交通出版社

内容提要

本书是高职高专工学结合课程改革规划教材,是在各高等职业院校积极践行和创新先进职业教育思想和理念,深入推进"校企合作、工学结合"人才培养模式的大背景下,由交通职业教育教学指导委员会交通运输管理专业指导委员会根据新的教学标准和课程标准组织编写而成。

本书以对学习者的综合职业能力培养为主线,主要介绍了国际多式联运的基本理论、法规和操作实务,并结合相关案例展开了讨论和分析。

本书可作为高等教育物流管理专业及专业群、工商管理等经济管理类专业的教材,也可作为企业管理、物流从业人员的培训教材。

图书在版编目(CIP)数据

多式联运实务/严南南主编. --2版. --北京:
人民交通出版社,2012.7
高职高专工学结合课程改革规划教材
ISBN 978-7-114-09888-8

Ⅰ.①多… Ⅱ.①严… Ⅲ.①多式联运—高等职业教育—教材 Ⅳ.①F511.4

中国版本图书馆 CIP 数据核字(2012)第 135283 号

高职高专工学结合课程改革规划教材

书 名:	多式联运实务(第二版)
著 作 者:	严南南
责任编辑:	任雪莲
出版发行:	人民交通出版社
地 址:	(100011)北京市朝阳区安定门外外馆斜街 3 号
网 址:	http://www.ccpress.com.cn
销售电话:	(010)59757973
总 经 销:	人民交通出版社发行部
经 销:	各地新华书店
印 刷:	北京鑫正大印刷有限公司
开 本:	787×1092 1/16
印 张:	10.25
字 数:	243 千
版 次:	2007 年 7 月 第 1 版 2012 年 7 月 第 2 版
印 次:	2018 年 7 月 第 2 版 第 3 次印刷 总第 5 次印刷
书 号:	ISBN 978-7-114-09888-8
印 数:	8501—10500 册
定 价:	27.00 元

(有印刷、装订质量问题的图书由本社负责调换)

高职高专工学结合课程改革规划教材

编审委员会

主　　任：鲍贤俊（上海交通职业技术学院）
副主任：施建年（北京交通运输职业学院）
专　　家：（按姓氏笔画排序）
　　孔祥法（上海世纪出版股份有限公司物流中心）　　刘　念（深圳职业技术学院）
　　严南南（上海海事大学高等技术学院）　　杨志刚（上海海事大学交通运输学院）
　　逄诗铭（招商局物流集团易通公司）　　贾春雷（内蒙古大学交通职业技术学院）
　　顾丽亚（上海海事大学交通运输学院）　　黄君麟（云南交通职业技术学院）
　　薛　威（天津交通职业学院）
委　　员：（按姓氏笔画排序）
　　毛晓辉（山西交通职业技术学院）　　石小平（湖北交通职业技术学院）
　　刘德武（四川交通职业技术学院）　　向吉英（深圳职业技术学院）
　　孙守成（武汉交通职业学院）　　曲学军（吉林交通职业技术学院）
　　朱亚琪（青海交通职业技术学院）　　祁洪祥（南京交通职业学院）
　　许小宁（云南交通职业技术学院）　　严石林（湖北交通职业技术学院）
　　吴吉明（福建船政交通职业学院）　　吴毅洲（广东交通职业技术学院）
　　李建丽（河南交通职业技术学院）　　李艳琴（浙江交通职业技术学院）
　　肖坤斌（湖南交通职业技术学院）　　武　钧（内蒙古大学交通职业技术学院）
　　范爱理（安徽交通职业技术学院）　　赵继新（广西交通职业技术学院）
　　郝晓东（上海交通职业技术学院）　　袁炎清（广州航海高等专科学校）
　　阎叶琛（陕西交通职业技术学院）　　黄　浩（江西交通职业技术学院）
　　黄碧蓉（云南交通职业技术学院）　　程一飞（上海交通职业技术学院）
　　楼伯良（上海交通职业技术学院）　　谭任绩（湖南交通职业技术学院）
秘　　书：
　　任雪莲（人民交通出版社）

序

为了适应我国高职高专教育发展及其对教育改革和教材建设的需要,在全国交通职业教育教学指导委员会的指导下,根据2011年颁布的交通运输类主干专业《物流管理专业教学标准与课程标准》(适应于高等职业教育),我们组织从事高职高专教学第一线的优秀教师和企业专家合作编写物流管理专业系列教材(第二版),其中部分作者来自国家级示范性职业院校。

为了做好此项工作,2011年8月5~8日在青海省西宁市召开了全国交通教育交通运输管理专业指导委员会工作扩大会议,启动了新一轮规划教材的建设工作,邀请物流企业的专家共同参与教材建设(原则上要求副主编由企业专家担任),采取主编负责制。为了保证本套教材的出版质量,我们在全国范围内选聘成立"高职高专工学结合课程改革规划教材编审委员会",确定了编写5门核心课程和12门专门化方向课程的教材主编、副主编和参编。2011年9月23~25日在北京召开了由全国交通教育交通运输管理专业指导委员会主办、人民交通出版社承办的高职物流管理专业教材编写大纲审定会议,编审委员会审议通过了17种教材的编写大纲以及具体编写进度要求。2012年3月23日、5月4日、5月5日在上海分三批对17种教材进行了审稿、定稿。本套教材按照"任务引领、项目驱动、能力为本"的原则编写,突出应用性、针对性和实践性的特点,并重组系列教材结构,力求反映高职高专课程和教学内容体系改革方向,反映当前物流企业的新理念、新技术、新工艺和新方法,注重理论知识的应用和实践技能的培养,在兼顾理论和实践内容的同时,避免片面强调理论知识的系统性,理论知识以应用为目的,以必需、够用为尺度,尽量体现科学性、先进性和广泛性,以利于学生综合素质的形成和科学思维方式与创新能力的培养。

本套教材包括:《物流信息技术应用》、《运输管理实务》、《仓储管理实务》、《物流市场营销技术》、《供应链管理实务》5门专业核心课程教材,《集装箱运输实务》、《货物配送实务》、《国际货运代理》、《物料采购与供应管理》等12门专门化方向课程教材。突出以就业为导向、以企业工作需求为出发点的职业教育特色。在内容上,注重与岗位实际要求紧密结合,与职业资格标准紧密结合;在形式上,配套提供多媒体教学课件,作为教材的配套资料挂到人民交通出版社网站供读者下载。既满足物流管理专业人才培养的需要,也可供物流企业管理和技术人员阅读,还可作为在职人员的培训教材。

交通职业教育教学指导委员会
交通运输管理专业指导委员会
2012年5月

前言 PREFACE

伴随世界经济的高速发展,如何降低产品单位生产成本、提高经济效能、扩大销售市场等问题备受关注。产品从生产领域到消费领域必须经过流通领域,没有流通过程,便不会实现产品的使用价值。降低劳动消耗、节省流通费用在产品的流通过程中尤为重要。国际多式联运的出现使流通过程发生了革命性变化。

国际多式联运系以集装箱为运输单元的直达运输。货物装箱后可直接运送到目的地,运输途中换装运输工具时无须换箱、装箱,从而减少了中间环节。运输途中由于使用专业机械装卸,且不涉及箱内的货物,货损货差、货物被窃事故大为减少,从而在一定程度上提高了货运质量。各个运输环节的各种运输工具之间配合密切、衔接紧凑、货物所到之处中转迅速及时,大大减少货物停留时间,从根本上保证了货物安全、迅速、准确、及时地运抵目的地。

本书是高职高专工学结合课程改革规划教材,是在各高等职业院校积极践行和创新先进职业教育思想和理念,深入推进"校企合作、工学结合"人才培养模式的大背景下,由交通职业教育教学指导委员会交通运输管理专业指导委员会根据新的教学标准和课程标准组织编写而成。

本书联系国际多式联运实际业务,详尽叙述了国际多式联运的基本知识、相关的单据、运费、保险业务及货损事故处理,介绍了国际多式联运的业务流程设计。本教材在编写过程中,突出以下特点:

(1)按照职业教育课程改革编写要求,从国际多式联运从业人员技能和素质分析入手,确定课程内容。

(2)注重理论与实践环节的紧密结合,分项目教学,配合以相应的技能训练,从而保证教、学、练、做一体化。

(3)案例丰富,且选取的案例与实务运作相关、与课程内容相贴切,具有可参考性、实用性。

本书由上海海事大学高等技术学院严南南担任主编,上港集团王海建担任副主编,多位编者合作完成。编写分工如下:任务一由严南南编写;任务二由孙志强编写;任务三由宋彬和彦敏共同编写;任务四、任务六由宋彬编写;任务五由周立希编写;任务七由楼颖编写;任务八由严南南、周立希、楼颖共同编写。全书由严南南统编定稿,特邀广州航海高等专科学校袁炎清教授担任主审。

本书在编写过程中借鉴、引用了大量的国内外文献,在此对文献作者表示真诚的感谢。由于编者水平有限,加之编写时间仓促,书中难免存在疏漏和不足之处,恳请广大同行和读者批评指正。

编 者
2012 年 3 月

目 录 CONTENTS

任务一　国际多式联运基本知识认知 ······ 1
　项目一　国际多式联运概念及组织方式认知 ······ 2
　项目二　国际多式联运经营人的认知 ······ 7
　项目三　国际多式联运合同的认知 ······ 15

任务二　国际多式联运与国际贸易关系认知 ······ 20
　项目一　国际多式联运与国际贸易术语关系认知 ······ 21
　项目二　国际多式联运与信用证关系认知 ······ 30

任务三　国际集装箱多式联运业务 ······ 37
　项目一　国际集装箱运输货物集散与交接方式 ······ 38
　项目二　国际集装箱多式联运业务与单证 ······ 41
　项目三　国际集装箱多式联运码头堆场业务 ······ 54
　项目四　国际集装箱多式联运货运站业务 ······ 58

任务四　国际多式联运单据业务 ······ 62
　项目一　国际多式联运单据概念的认知 ······ 62
　项目二　国际多式联运单据的缮制与签发 ······ 67

任务五　国际多式联运运费业务 ······ 74
　项目一　国际多式联运运费的基本结构认知 ······ 75
　项目二　国际多式联运运费的计收方法 ······ 77
　项目三　国际多式联运运费的计收业务 ······ 82

任务六　国际多式联运保险业务 ······ 86
　项目一　国际多式联运保险基础知识认知 ······ 87
　项目二　国际海上货物运输保险业务 ······ 90
　项目三　国际多式联运责任保险业务 ······ 94

任务七　集装箱多式联运业务流程设计 ······ 98
　项目一　集装箱多式联运业务流程设计的概念及内容 ······ 99
　项目二　集装箱海铁联运业务流程设计 ······ 101
　项目三　集装箱公铁联运业务流程设计 ······ 103
　项目四　陆桥运输业务流程设计 ······ 106
　项目五　集装箱海空联运业务流程设计 ······ 110

任务八　国际多式联运货损事故处理 ……………………………………… 112
　　项目一　水运货损事故处理 ……………………………………………… 112
　　项目二　铁路货运事故处理 ……………………………………………… 116
　　项目三　公路货运事故处理 ……………………………………………… 119
　　项目四　陆桥运输业务流程设计 ………………………………………… 121
附录一　《联合国国际货物多式联运公约》 ………………………………… 127
附录二　《1973年多式联运单证统一规则》 ………………………………… 136
附录三　《1991年联合国贸易和发展会议/国际商会多式联运单证规则》 …… 142
附录四　《海商法》中对多式联运的规定 …………………………………… 146
附录五　部分专业术语(中英文对照) ……………………………………… 147
附录六　技能训练评价表 ……………………………………………………… 150
参考文献 ………………………………………………………………………… 151

任务一　国际多式联运基本知识认知

内容简介

国际多式联运是以集装箱为运输单元,将不同的运输方式有机地结合在一起,构成连续的综合性一体化的运输形式。国际多式联运是集装箱运输的产物,其组织形式可分为衔接式联运与协作式联运。国际多式联运经营人是货物多式联运的承运人,指本人或者委托他人以本人名义与托运人订立多式联运合同的人。除船公司外,多式联运经营人本身并不拥有船舶,即经营货物多式联运业务的所谓无船经营公共承运人,在实践中又称为无船承运人。多式联运经营人的法律地位取决于其能否纳入海事赔偿责任限制制度的主体范围内。本部分内容重点讲解国际多式联运的概念、组织形式,以及国际多式联运经营人的概念、分类与责任。

教学目标

1. 知识目标

(1)掌握国际多式联运的概念和组织形式;

(2)了解国际多式联运经营人的概念和特点;

(3)掌握国际多式联运经营人的责任。

2. 技能目标

(1)对现实案例能分辨何种运输方式属于国际多式联运;

(2)能在复杂案例中找出国际多式联运经营人;

(3)运用所学知识,在现实案例中确定国际多式联运经营人的责任。

案例导入

国际多式联运经营人应对全程运输货物损害负赔偿责任

2002年7月19日,原告合浦烟花厂与威科公司签订烟花销售合同,约定:原告将货号烟花1858箱售与威科公司,每箱单价25.60美元,总价格FOB北海47564.80美元;2002年9月交货,允许分批装运;目的港汉堡,允许转船;由卖方投保一切险;付款方式为装船后电汇付款。威科公司向原告出具一份委托书,委托原告代威科公司办理其从原告处所购烟花的运输、运费支付及保险事宜,由此而发生的有关运杂费及保险费由威科公司负担。

9月10日,原告与被告安通北海分公司签订出口货物运输委托单,运输上述货物。委托单记载:托运人为原告,发货人安利达公司,通知人威科公司,收货人凭指示,目的港汉堡;合浦清水江基地仓库装柜,运费从仓库装完集装箱即开始计算(包括陆运与海运)。

9月17日,北海城东运输有限公司受安通北海分公司委托,派汽车将已装入集装箱的烟花从原告合浦清水江基地仓库运至北海港装船。驾驶员范谦明驾驶的装载集装箱的平板车,在通过北海港铁路专用线时,被火车撞上,汽车及所装烟花燃烧报废。造成此事故的原因是:驾驶员通过铁路平交过道时,未遵守规定,抢越过道,且运输烟花易燃危险品通过铁路不按规定申报,由汽车驾驶员承担完全责任。

事故发生后,合浦烟花厂即与安通北海分公司协商解决货损赔偿事宜。但安通北海分公司辩称,原告与威科公司销售合同约定的成交价为 FOB 北海,且出口货物委托单约定运费从仓库装完集装箱即开始计算,表明货物在仓库装完集装箱后已视为卖方向买方交付,原告已不拥有该批货物的所有权;托运人为安利达公司而非原告,原告无权索赔。实际装运货物并造成货损的是北海城东运输有限公司及其雇员,被告仅是货运代理人,被告亦非承运人,不应承担货损责任。故原被告均不是本案适合的资格主体。烟花系危险品,托运人在托运时未予声明,即便被告为承运人,亦应依法免除赔偿责任。合浦烟花厂遂诉至法院。

引导思路

(1)什么是国际多式联运?
(2)本案中,谁是国际多式联运经营人?
(3)国际多式联运经营人的定义与特点是什么?有哪些种类?
(4)国际多式联运经营人的责任如何判断?

项目一　国际多式联运概念及组织方式认知

教学要点

(1)明确国际多式联运经营的产生;
(2)掌握国际多式联运的定义、基本条件及特征。

教学方法

可采用讲授、情景教学、案例教学和分组讨论等方法。

一、国际多式联运概念认知

1. 情境设置

1984 年,美国总统轮船公司与铁路车辆制造公司合作研制了轻型双层集装箱专用车辆,并把这个成果推荐给铁路运营使用。由于双层集装箱运输的使用在很大程度上提高了列车的载运能力,降低了运输成本,很快被美国所有主要的铁路公司接受和效仿,双层列车的集装箱运量大幅度增加。

从此之后,海运中的大型集装箱轮船也不断升级换代。到 21 世纪初,国际集装箱船装载容量已从几百标准箱发展到第五代的上万标准箱,公铁联运、海铁联运都有了很大的进步,真正意义的现代国际多式联运时代开始了。

想一想

- (1)国际多式联运的起源以及发展历程是怎样的?
- (2)是什么促进了国际多式联运的产生?

2. 技能训练目标

掌握国际多式联运经营产生以及国际多式联运整体概念认知。

3. 相关理论知识

1）国际多式联运经营的产生

在国际贸易业务进行中，货物从一国境内接管货物的地点运到另一国境内交付货物的地点，一般很可能要采用多种不同运输方式。在多式联运出现之前，这一过程中的不同运输区段是由多个承运人采用接力的方式分段完成的。货方需要与各个承运人分别订立运输合同，而各区段承运人仅仅需要负责各自承运区段的货运组织工作，货方需要在货物准备、运输等问题上花费大量精力和财力。如果货方通过支付佣金委托代理人来完成工作，也不可避免会产生费时费力的问题，甚至会经常产生纠纷与赔偿。而且，在国际多式联运业务中，多式联运经营人全程负责传统的散件杂货的风险非常巨大，货物也很容易造成损坏和灭失。所以，在集装箱问世之前，要开展国际多式联运几乎是不可能完成的任务。但是，随着科学技术的发展，集装化水平、机械化水平、信息化水平等都大大得到了提高。在这样的世界经济环境和技术条件下，国际多式联运产生和发展了起来。

2）国际多式联运的定义

"多式联运"一词最早出现在1929年的《华沙公约》中。

1980年5月在瑞士日内瓦联合国贸发会议通过的《联合国国际货物多式联运公约》中，对国际多式联运（International Multi-model Transport；International Combined Transport；美国称International Inter-model Transport）作出如下定义："国际多式联运是指按照国际多式联运合同，以至少两种不同的运输方式，由多式联运经营人将货物从一国境内承运货物的地点运至另一国境内指定的交货地点。"（Multimodal transport refers to a transport system usually operated by a carrier with more than one mode of transport under the control or ownership of one operator.）

3）国际多式联运基本条件

多式联运是将不同的运输方式组合成综合性的一体化运输，通过一次托运、一次计费、一张单证、一次保险，由各运输区段的承运人共同完成货物的全程运输，即将全程运输作为一个完整的单一运输过程来安排。从多式联运公约的规定和现行的多式联运业务特点来看，多式联运应具备的基本条件如下：

（1）货物在全程运输过程中无论使用多少种运输方式，作为负责全程运输的多式联运经营人必须与发货人订立多式联运合同。

（2）多式联运经营人必须对全程运输负责。

（3）多式联运经营人接管的货物必须是国际间的货物运输，这不仅有别于国内货物运输，主要还涉及国际运输法规的适用问题。

（4）多式联运不仅仅是使用两种不同的运输方式，且必须是不同运输方式下的连续运输。

（5）货物全程运输由多式联运经营人签发一张多式联运单证，且应满足不同运输方式的需要并计收全程运费。

此外，现行的国际货运公约对联运的条件也作了不同的规定。

凡符合下列条件的属汉堡规则下的货物联运：

（1）两种运输方式之间，其中之一必须是海运。

（2）所订立的合同是国际间的货物运输。

凡符合下列条件的属公路货运公约的货物联运：

（1）运输合同中规定的接管、交付货物的地点位于两个不同的国家。

（2）货物系由载货车辆运输。

凡符合下列条件的属铁路货运公约下的货物联运：
(1) 运输方式之一在公约所规定的铁路线上运输。
(2) 另一运输方式为公约所规定的公路或海上运输。

凡符合下列条件的属华沙公约下的货物联运：

根据订立的运输合同，不论运输过程中有无中断或转运，其出发地和目的地是在两个缔约国或非缔约国的主权、宗主权、委托统治权或权力管辖下的领土内有一个约定的经停地点的任何运输。

4) 国际多式联运的特征

国际多式联运主要有下述主要特征：

(1) 签订一份全程多式联运合同

在国际多式联运中，无论货物运输使用几种不同的交通方式运输，全程多式联运经营人都要与发货人签订一份全程多式联运合同。多式联运合同用来确定多式联运经营人与发货人之间权利、义务、责任、豁免的合同关系和运输性质，是整个多式联运的约束。

(2) 多式联运经营人对货物运输全程负责

在国际多式联运中，国际多式联运经营人负责办理货物运输的所有事项。货主与多式联运经营人签订多式联运合同后，多式联运经营人对运输全程负责。货物在运输途中若发生灭失、损坏、延期，货主均可向多式联运经营人索赔。

(3) 多式联运经营人签发一份多式联运单证

多式联运单证是证明多式联运经营人接管货物和负责按合同条款交付货物的凭证，满足不同运输方式的需求，一次付费，计收全程运费。

(4) 必须是国际间货物运输

有别于国内货物运输，主要会涉及国际运输法规适用问题。

(5) 采用两种或两种以上运输工具的连续运输

海海、陆陆、空空运输只用到一种运输工具，国际多式联运与它们有本质区别。

(6) 国际多式联运全程计收单一费率

多式联运经营人以包干形式一次性向货主计收全程单一费率。

国际多式联运并不是简单的单一运输方式的叠加。其采用的是一次托运、一次付费、一单到底、全程负责、统一理赔的业务模式。

4. 技能训练

(1) 学生每5人为一个项目组，选一名学生为组长。
(2) 各组运用所学理论知识，以组为单位搜集不同运输案例，分辨哪些为国际多式联运。
(3) 以组为单位完成案例分析，每组派一位代表陈述结果。
(4) 训练时间安排：1学时。

二、国际多式联运组织方式认知

1. 情境设置

连云港港口是新亚欧大陆桥的东方桥头堡。伴随着国际箱进出口量的不断发展，自1996年起开行了经阿拉山口过境，通过多斯特克口岸换装到哈萨克斯坦等国家的海铁联运国际集装箱班列。由于运行不定时、编组不固定、运输组织不力等多种原因，该班列长期处于通而不畅的状态。近年来,在铁道部的高度重视下,在中铁公司的正确领导下,从11月26日起,开行了"三点四线"海铁联运直达快运班列,中铁公司"4·18"提速调图又将该班列固定为跨局"五定"集装箱快运班列。该班列编组48辆,在连云港港口整列装车,经阿拉山口整列通关,途中不编解作业,全程运行时间112小时,约4.7天。由于推出的班列新产品具有定点定时、直达直通、相对快速、安全环保、重载往返、优质服务等竞争优势,受到了客户欢迎,促进了大陆桥过境箱运量的快速增长。中铁公司10月9日,与中海集团联合举行了连云港至莫斯科国际铁路集装箱班列首发仪式,公司领导对开好班列提出了新要求。以此为标志,将现开行到中亚的班列向西延伸到了欧洲,成为名副其实的新亚欧大陆桥海铁联运国际集装箱班列。1至10月份,共开行班列317列,日均1.04列,同比增开97列;发送30418TEU,同比增长了25.1%。

想一想

- 在国际多式联运中,新欧亚大陆桥扮演了怎样的角色?

2. 技能训练目标

国际多式联运的组织形式及组织方法。

3. 相关理论知识

1)国际多式联运方式

国际多式联运的方式包括以下几种:

(1)海陆联运

海陆联运是国际多式联运的主要组织形式,也是远东/欧洲方向国际多式联运采用的主要组织形式之一。这种组织形式以航运公司为主体,签发联运提单,与航线两端的内陆运输部门开展联运业务,与大陆桥运输展开竞争。

(2)陆桥运输

在国际多式联运中,陆桥运输起着非常重要的作用。它是远东/欧洲国际多式联运的主要形式。陆桥运输(Land Bridge Service)是指采用集装箱专用列车或卡车,把横贯大陆的铁路或公路作为中间"桥梁",使大陆两端的集装箱海运航线与专用列车或卡车连接起来的一种连贯运输方式。

小陆桥运输主要运送从日本经北美太平洋沿岸到大西洋沿岸和墨西哥湾地区港口的集装箱货物,也承运从欧洲到美国西部及海外地区各港口的大西洋航线的转运货物,比大陆桥运输方式少了一程海运。

微桥运输与小陆桥运输基本相似,只是交货地点变成了内陆地区,是利用大陆桥梁的一部分把海上集装箱运输与一个内陆起点站或到达站连接起来的海陆联运方式。进出美国、加拿大内陆城市的货物采用微桥运输既可节省运输时间,也可避免双重港口收费。

(3)海空联运

海空联运(Air-bridge Service)始于20世纪60年代,在20世纪80年代得到了较快发展,是将货物在航空港换入集装箱,最终交货运输区段由空运完成。海空联运的运输时间少于全程海运,运输费用低于全程空运。1960年底,原苏联航空公司开辟了经由西伯利亚至欧洲航空线;1968年,加拿大航空公司参与了国际多式联运;20世纪80年代,出现了经由香港、新加坡、泰国等地至欧洲的航空线。

2）国际多式联运的运输组织方法

国际多式联运就其运输组织体制可分为：协作式多式联运、衔接式多式联运。

（1）协作式联运

协作式多式联运的组织者是由参加多式联运的各种运输方式的运输企业和中转港站，在政府主管部门协调下共同组成的联运办公室。

发货人向联运办公室提出货物要车或要船计划，联运办公室根据多式联运线路及实际情况制订运输计划，并批复计划。发货人根据计划安排向多式联运第一程的运输企业提出托运申请，填写联运货物托运委托书。每一程承运人完成自己承担区段的货物运输，并运至后一程区段衔接地。直到最后一程承运人直接向收货人交付。协作式多式联运过程见图1-1。

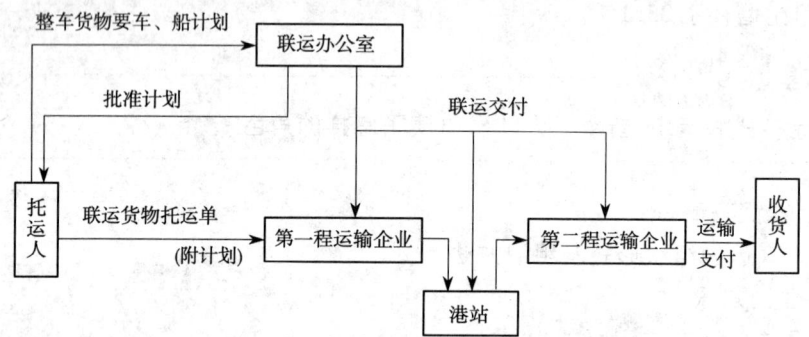

图1-1　协作式多式联运过程示意图

（2）衔接式多式联运

在衔接式多式联运中，发货人先向多式联运经营人提出托运申请，多式联运经营人接受后，双方订立多式联运合同，交接货物，经营人签发多式联运单据。多式联运经营人根据实际情况选择最佳运输路线以及各区段承运人并制订货物全程运输计划，并把计划转发给各中转衔接地点的分支机构或委托的代理人。然后根据计划和各区段的实际承运人分别订立各区段的货物运输合同。多式联运经营人或其代表或其代理人完成各区段衔接，从前一程实际承运人手中接收货物再分运至后一程承运人，并在最终目的地从最后一程实际承运人手中接收货物交付给收货人。衔接式多式联运过程见图1-2。

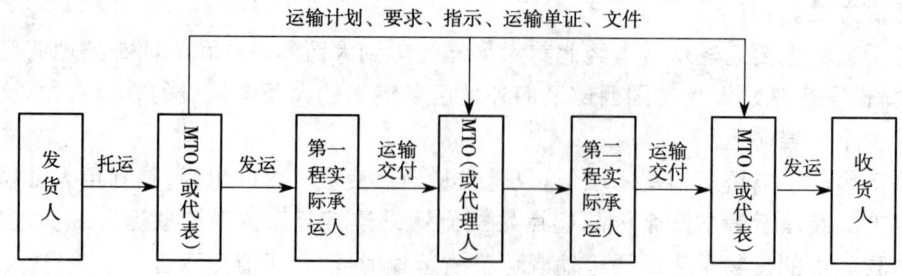

图1-2　衔接式多式联运过程示意图

4. 技能训练

（1）学生每5人为一个项目组，选一名学生为组长。

（2）各组运用所学理论知识，分析国际多式联运各组织方式的联系和区别。

（3）以组为单位完成案例分析，每组派一位代表陈述结果。

（4）训练时间安排：1学时。

思考练习

1. 简答题
(1) 简述国际多式联运的产生过程。
(2) 衔接式多式联运与协作式多式联运有何区别？
(3) 国际多式联运的优点主要有哪些？
(4) 简述各国际多式联运组织方式。
(5) 简述国际多式联运基本条件。

2. 案例分析题

根据委托，2010年6月8日，A运输公司负责将托运人B贸易公司托运的货物由天津经海运运至大连后，经大连转公路运至丹东，然后由A运输公司的丹东代理人安排货物经丹东出境由铁路运抵朝鲜新义州。在托运人B贸易公司向A运输公司出具"指定朝鲜C公司为唯一收货人，提单只做议付单据"的声明后，A运输公司向托运人签发了国际多式联运提单，提单载明：托运人为B贸易公司，收货人为凭香港中行指示，同时批注有"仅作议付用"。铁路签发的运单载明装货地为丹东，卸货地为朝鲜新义州，收货人为朝鲜C公司。

问：本案是否属于《中华人民共和国海商法》中规定的多式联运，为什么？

项目二 国际多式联运经营人的认知

教学要点

(1) 明确国际多式联运经营人的定义与特点；
(2) 明确国际多式联运经营人的类型；
(3) 明确国际多式联运经营人与无船承运人和传统货运代理的异同；
(4) 掌握国际多式联运经营人责任的相关知识；
(5) 了解与国际多式联运经营人责任相关的国际公约与法规。

教学方法

可采用讲授、情景教学、案例教学和分组讨论等方法。

教学内容

一、国际多式联运经营人的概念

1. 情境设置

1994年，A船公司根据B货运公司提交的抬头为"B货运公司"的托运单，在深圳蛇口港分别安排了6个40英尺集装箱，并于装船完毕后向B货运公司签发了记名联运提单。该6票货物由B货运公司从福建陆运至深圳并交由A船公司承运。B货运公司提出的托运单和A船公司签发的提单均记载，该6票货物的托运人为福建省甲外贸公司，交货地为布达佩斯，运费预付。另有两票货物，由B货运公司向A船公司提出托运单并交付货物，但托运单抬头为"××国际运输有限公司"字样,而不是以"B货运公司"为抬头的托运单。在货物已运抵目的港而A船公司催款未果后,A船公司向海事法院提起诉讼,请求法院判令B货运公司支付拖欠的运费35200美元。

案例示意如图1-3所示。

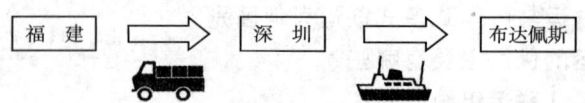

图1-3 案例示意图

> 想一想
> - (1) B公司是否应向A公司支付运费?
> - (2) B公司在整个海运过程中属于什么角色?
> - (3) 什么是国际多式联运经营人?它的性质和法律特征是怎样的?

2. 技能训练目标

掌握国际多式联运经营人定义的内涵及外延,能够区分国际多式联运经营人的类型。

3. 相关理论知识

1) 国际多式联运经营人定义

关于国际多式联运经营人的含义,有关的国际公约、法律法规和惯例均对此作了相应的规定。

1975年生效的《国际商会规则》将"多式联运经营人"表述为"Combined Transport Operator",定义为"签发多式运输单据的人(包括任何法人、公司或法律实体)"。但该定义对多式联运经营人的界定偏重于多式运输单据签发的行为,而没有明确其作为独立的合同主体的法律地位,因而作为定义是不足的。

1980年《联合国国际货物多式联运公约》和1991年的《联合国贸易和发展会议/国际商会多式联运单证规则》采用"Multi-modal Transport Operator"(MTO),从而使多式联运经营人的名称更为准确。

《联合国国际货物多式联运公约》第1条第2款规定:"多式联运经营人是指其本人或通过代其行事的他人订立多式联运合同的任何人,他是委托人,而不是发货人的代理人和参加多式联运的承运人的代理人或代表他行事,他承担履行合同的责任。"(Multimodal transport operator means any person who on his own behalf or through another person acting on his behalf concludes a multimodal transport contract and who acts as a principal, not as an agent or on behalf of the consignor or of the carriers participating in the multimodal transport operations, and who assumes responsibility for the performance of the contract.)

《联合国贸易和发展会议/国际商会多式联运单证规则》定义:"多式联运经营人是指签订一项多式联运合同并以承运人身份承担完成此项合同责任的任何人。"(Multimodal transport operator means any person who concludes a multimodal transport contract and assumes responsibility for the performance thereof as a carrier.)

《中华人民共和国合同法》第317条定义:"多式联运经营人负责履行或者组织履行多式联运合同,对全程运输享有承运人的权利,承担承运人的义务。"

> **资料卡** **我国现行合同法**
>
> 我国现行合同法由中华人民共和国第九届全国人民代表大会第二次会议于1999年3月15日通过。
>
> 合同法是调整平等主体的自然人、法人、其他组织之间设立、变更、终止民事权利义务关系的法律规范的总称。

《中华人民共和国海商法》规定:"多式联运经营人是指本人或者委托他人以本人名义与托运人订立多式联运合同的人。"

交通部与铁道部于1997年联合颁布的《国际集装箱多式联运管理规则》的定义:根据该规则的规定,国际集装箱多式联运经营人,是指本人或者委托他人以本人名义与托运人订立一项多式联运合同并以承运人身份承担完成此项合同责任的人。

从上述定义可见,多式联运经营人在多式联运的诸多关系中处于核心地位。国际多式联运经营人既不是发货人的代理或代表,也不是承运人的代理或代表,它是一个独立的法律实体,具有双重身份,对货主来说它是承运人,对实际承运人来说,它又是托运人,它一方面与货主签订多式联运合同,另一方面又与实际单运人签订运输合同,它是总承运人,对全程运输负责,对货物灭失、损坏、延迟交付等均承担责任。

2) 国际多式联运经营人的性质和法律特征

从以上的定义和解释中,可以总结出国际多式联运经营人具有如下基本特征:

(1) 国际多式联运经营人是"本人"而非代理人。他应对全程运输享有承运人的权利,承担承运人的义务。

(2) 国际多式联运经营人在以"本人"身份开展业务的同时,并不妨碍他同时也以"代理人"身份兼营有关货运代理服务,或者在一项国际多式联运业务中不以"本人"身份而是以其他诸如代理人、居间人等身份开展业务。在实际业务中,国际多式联运经营人通常向货主提供一揽子服务。在一项国际多式联运服务中,根据实际业务需要,他可能以本人、代理人、居间人等身份中的一种或几种与货主发生业务关系。国际多式联运经营人的这一特点,一方面有助于为货主提供优质的全方位服务,但另一方面也增加了对国际多式联运经营人身份识别的难度。

(3) 国际多式联运经营人是"中间人"。国际多式联运经营人具有双重身份,他既以契约承运人的身份与货主(托运人或收货人)签订国际多式联运合同,又以货主的身份与负责实际运输的各区段运输的承运人(通常称为实际承运人)签订分运输合同。

(4) 国际多式联运经营人既可以拥有运输工具也可以不拥有运输工具。当国际多式联运经营人以拥有的运输工具从事某一区段运输时,他既是契约承运人,又是该区段的实际承运人。

4. 技能训练

(1) 准备。学生每10人为一个小组,每个小组选一名"法官"、一名"记录员"、一名"原告代表人"、一名"被告代表人",其余学生分为两组,一组为"原告律师团",另一组为"被告律师团",并且两组各选一名学生为发言人;准备需要查阅的相关资料,如《国际多式联运管理规则》、《中华人民共和国合同法》及《中华人民共和国海商法》等。

（2）步骤。教师讲解本项目引导案例；各小组模拟法庭对案例进行审判；教师现场指导；各小组将"审判"结果与小组成员发言记录提交教师。

（3）注意事项。各小组开始模拟法庭审判之前需要认真查阅相关资料；记录员认真记录每位代表发言；最后"审判"结果要有依据、要准确。

二、国际多式联运经营人的分类

1. 情景设置

王同学毕业后，想进入一家有国际多式联运经营人资质的公司工作。但在找工作的过程中，王同学发现，这种企业很多，并且经营范围和经营资质有很大不同。面对这些选择，王同学一时陷入迷茫。那么，究竟国际多式联运经营人有哪些分类呢？它与无船承运人和传统货运代理究竟有哪些区别呢？

2. 技能训练目标

能够区分国际多式联运经营人的类型以及多式联运经营人与无船承运人和传统货运代理的异同。

3. 相关理论知识

1）国际多式联运经营人的类型

一般根据是否拥有运输船舶可以把国际多式联运经营人分为两种类型：

（1）以船舶运输经营为主的多式联运经营人（Vessel Operating Multimodal Transport Operator，VOMTOs）

传统上船舶所有人将承运货物从一个港口运至另一个港口，并且其对货物的责任期间仅限于船上。随着集装箱运输的发展，国际多式联运经营人将仅限于海上的船舶运输服务扩展至包括路上运输和航空运输的其他运输方式。通常这类多式联运经营人不直接从事除海上运输之外的其他运输，而是与陆上或航空运输的实际承运人签订运输合同来安排运输，而自己实际只承担海上运输，这类多式联运经营人称为以船舶运输经营为主的多式联运经营人。

（2）无船多式联运经营人（Non-Vessel Operating Multimodal Transport Operator，NVOMTOs）

无船多式联运经营人不拥有和不掌握船舶，通过与包括海上运输承运在内的各区段运输承运人签订运输合同的方式安排货物运输。无船多式联运经营人包括三类：

①承运人型。这类多式联运经营人不拥有船舶，但拥有汽车、火车、飞机等运输工具，其与货主签订多式联运运输合同后，除了自己实际承运区段外其他区段通过与实际承运人签订分运合同的方式安排运输。

②场站经营人型。这类多式联运经营人拥有货运站、堆场或仓库等。其与货主签订多式联运合同后，除利用自己拥有的场站设施完成各种运输服务外，还与其他各区段实际承运人签订运输合同，完成多式联运。

③经纪人型。该类无船承运人在揽取不同货主货物后，原则上不直接对货主提供运输服务，而是采用其他方法按运输方式和流向，成批交给转运人，并由他们签发提单，做法具有明显的经纪人特点，所以称为经纪人型。

2）国际多式联运经营人与无船承运人和传统货运代理的异同

在实际业务当中，国际多式联运经营人的身份往往与无船承运人和传统货运代理产生混淆，很难区分。关于这三者的异同，可以通过表1-1反映出来。

国际多式联运经营人与无船承运人和传统货运代理对比 表1-1

	比较项目	国际多式联运经营人	无船承运人	传统货运代理
	相同之处	它们均属于运输中间商,其主要业务是为供需双方提供运输服务或代理服务,以求赚取运费或代理费		
不同之处	涉及运输方式	至少两种运输方式	海运	海、陆、空
	法律地位	对货主而言是承运人,对各区段承运人而言是货主	对货主而言是承运人,对船公司而言是货主	代理人
	资金占用	很大	较大	很少
	是否拥有船舶	必要时可以拥有	禁止拥有	禁止拥有
	是否拥有陆运与空运工具	必要时可以拥有	必要时可以拥有	禁止拥有
	是否有自己的提单	有	有	无
	是否有自己的运价表	有	有	无
	收入性质	运费(差价)	运费(差价)	代理费或佣金

4. 技能训练

(1) 准备。学生每5人为一个小组,前几个小组为分析小组,分别选一个公司,通过分析其业务范围,指出其国际多式联运经营人的类型,后几个小组为评价小组,对前几组的分析进行评价,并给出自己的想法;登陆航运物流相关网站搜索具有国际多式联运经营人资质的企业,并了解其公司文化与相关业务。

(2) 步骤。教师通过PPT引出不同的公司;分析小组进行分析;评价小组进行评价;教师点评。

(3) 注意事项。分析小组和评价小组应该合理交流与辩论;教师维持秩序,并适当引导。

三、国际多式联运经营人的责任

1. 情境设置

托运人A与多式联运经营人B签订了一项从北京至纽约的多式联运合同。全程运输分为三个区段,首先是从北京至天津的公路运输,其次是天津到旧金山的国际海运,最后是从旧金山到纽约的铁路运输。

案例示意如图1-4所示。

图1-4 案例示意图

> **想一想**
> - (1) 如果货物的毁损、灭失能够确定发生在某个运输区段,试问各个运输区段承运人责任和多式联运经营人责任如何划分?
> - (2) 如果货物发生毁损、灭失的运输区段不能确定,试问各个运输区段承运人责任和多式联运经营人责任如何划分?

2. 技能训练目标

掌握国际多式联运经营人的责任期间、责任基础、责任形式、责任限额以及免责的相关知识,学会用相关知识分析案例。

3. 相关理论知识

国际多式联运经营人责任是指其按照法律规定或运输合同的约定对货物的灭失、损害或延迟交付所造成损失的违约责任,它由责任期间、责任基础、责任形式、责任限额、免责等几部分构成。

1) 多式联运经营人的责任期间

责任期间(Period Responsibility)是指行为人履行义务、承担责任在时间上的范围。责任期间的长短,在一定程度上体现了多式联运经营人和承运人承担义务的多少和责任的轻重。

(1) 单一运输公约下承运人的责任期间,见表1-2。

单一运输公约下承运人的责任期间　　　　　　　　　　表1-2

公　　约	责　任　期　间
《海牙规则》	自货物装上船舶时起至卸下船舶时止;弦至弦,钩至钩
《海牙/维斯比规则》	
《汉堡公约》	承运人接管货物时起至交付货物时止
其他国际货运公约	

(2)《联合国国际货物多式联运公约》和1991年《联合国贸易和发展会议/国际商会多式联运单证规则》关于责任期间的规定,见表1-3。

《联合国国际货物多式联运公约》和1991年《联合国贸易和发展会议/
国际商会多式联运单证规则》下责任期间　　　　　　　　　表1-3

公　　约	责　任　期　间
《联合国国际货物多式联运公约》	自多式联运经营人接管货物时起至交付货物时止
1991年《联合国贸易和发展会议/国际商会多式联运单证规则》	

2) 多式联运经营人的责任基础

所谓责任基础即指多式联运经营人对于货物运输所采取的赔偿责任原则,其作用相当于民法责任制度中的归责原则,在确定多式联运经营人责任方面起着重要作用。目前,对于承运人赔偿责任基础,各单一运输公约或法律的规定不一,但大致可分为过失责任制和严格责任制两种。

过失责任制是指承运人承担责任是以自己在执行这些合同过程中有过失,并因这些过失造成对货方或其他人的损害为基础而承担损害赔偿责任。根据目前各公约中规定的不同,过失责任制又可分为不完全过失责任制和完全过失责任制两种。完全过失责任制是指不论承运人的过失是什么情况,只要有过失并造成了损害就要承担责任;不完全过失责任制是指规定对某些性质的过失造成的损害可以免责(即不承担赔偿责任),如海上运输的《海牙规则》就采用这种责任制,规定对管船的过失造成的损害可以免责,但对管货的过失应承担责任。严格责任制则是指除不可抗力造成的损失可以免责外,承运人要对责任期限内发生的各类损失承担赔偿责任,不论承运人是否有过失或损害,是否由于过失造成。具体可以参见表1-4。

有关国际公约和惯例规定的承运人责任基础 表1-4

公约或法律名称		责 任 基 础
《海牙规则》		不完全过失责任
《维斯比规则》		不完全过失责任
《汉堡规则》		完全过失责任
《国际铁路货运公约》		严格责任制
《国际公路货运公约》		严格责任制
空运	《华沙公约》	不完全过失责任
	《海牙议定书》	完全过失责任
	《蒙特利尔公约》	严格责任制
《联合国国际货物多式联运公约》		完全过失责任

3) 多式联运经营人的责任制类型

所谓责任制(Liability Regime)类型,是指在多式联运当中如何划分或确定各个运输区段承运人责任和多式联运经营人责任及承运人和经营人之间责任关系的制度。

(1) 网状责任制。指由多式联运经营人就全程运输向货主负责,但各区段或各运输方式适用的责任原则和赔偿方法仍根据该区段或运输方式的法律予以确定的一种制度。它是介于全程运输负责制和分段运输责任制之间的一种制度,故又称为混合责任制。

(2) 统一责任制。指多式联运经营人对全程运输负责,不论损害发生在哪一区段,均按照同一责任进行赔偿的一种制度。

在网状责任制下,货主有时难以查明若适用某一区段的法律,自己能否得到赔偿以及能得到什么样的赔偿。统一责任制弥补了这一缺陷。这种责任制有利于货主,但对多式联运经营人来说责任负担则较重,目前世界上对这种责任制的应用并不广泛。

(3) 修正性的统一责任制。也被有的学者称为"可变性的统一责任制",是由《联合国国际货物多式联运公约》所确立的以统一责任制为基础,以责任限额为例外的一种责任制度。根据这一制度,不管是否能够确定货运事故发生的实际运输区段,都适用公约的规定。但是若货运事故发生的区段适用的国际公约或强制性国家法律规定的赔偿责任限额高于《联合国国际货物多式联运公约》规定的赔偿责任限额,则多式联运经营人应该按照该国际公约或国内法的规定限额进行赔偿。

所以在修正性的统一责任制下,统一责任制是多式联运经营人承担责任的总体规则,但对责任限额,则适用网状责任制形式。

(4) 责任分担制。是指多式联运经营人和各区段承运人在合同中事先划分运输区段,并按各区段所应适用的法律来确定各区段承运人责任的一种制度。各运输区段适用的国际公约参见表1-5。这种责任制实际上是单一运输方式的简单组合,并没有真正发挥多式联运的优越性,故目前很少被采用。

各运输区段适用的国际公约 表1-5

运 输 区 段	适 用 公 约
海上区段	《海牙规则》、《海牙/维斯比规则》、《汉堡规则》
铁路区段	《国际铁路运输公约》
公路区段	《国际公路货物运输公约》
航空区段	《华沙航空货运公约》

实际上究竟采用哪种责任制度,归根结底取决于运输市场上的供求关系。

4) 多式联运经营人的责任限额

(1) 有关货损货差的责任限额。

目前各国际货物运输公约所规定的责任限额,除了在数值上不尽相同外,在计量的币值上也有很大的不同。表1-6显示各国际公约所规定的责任限额及在无对应SDR时,按上述比率所作的折算成SDR的数值。

资料卡 　　　　　　　　　　　　　　　　　　　　　　　　　　　SDR

> 特别提款权(Special Drawing Right,SDR),是国际货币基金组织创设的一种储备资产和记账单位,亦称"纸黄金(Paper Gold)"。它是基金组织分配给会员国的一种使用资金的权利。会员国在发生国际收支逆差时,可用它向基金组织指定的其他会员国换取外汇,以偿付国际收支逆差或偿还基金组织的贷款,还可与黄金、自由兑换货币一样充当国际储备。

有关国际公约或法律责任限额及折算成SDR数值　　　　　　　表1-6

公约或法律名称		计算货币单位	每件或每单位	毛重每公斤	备注
《海牙规则》		英镑	100		(1)除《国际货约》和《国际公路货运合同公约》外,所称的金法郎均指含90%的黄金65.5mg的金法郎; (2)以英镑计价无法解决通货膨胀和各国币值不统一等问题,而用金法郎因黄金价格的浮动过大而难以对换结算,只有SDR的价格波动较平稳
1979年《维斯比规则》		金法郎	1000	30	
		SDR	666.67	2	
《汉堡规则》		SDR	835	2.5	
		金法郎	12500	37.5	
《中华人民共和国海商法》		SDR	666.67	2	
《华沙公约》		金法郎		250	
《蒙特利尔议定书》		SDR		17	
		金法郎		250	
《中华人民共和国民航法》		SDR		17	
《联合国国际货物多式联运公约》	包含水运	SDR	920	2.75	
		金法郎	13750	41.25	
	不含水运	SDR		8.33	
		金法郎		124	
《国际铁路货物联运公约》		金法郎		50	
		折算SDR		16.66	
《国际公路货运合同公约》		金法郎		25	
		折算SDR		8.33	

(2) 有关延迟交付的责任限额。

延迟交付,是指货物未在明确议定的时间内交付,或在无此协议时未能按照具体情况对一个勤奋的承运人所能合理要求的时间内交付。

在海上运输中,《中华人民共和国海商法》规定承运人仅对有明确议定交付期限的延迟损失予以赔偿。根据《中华人民共和国海商法》规定,对于明确议定交付期限下所造成的延迟损失予以赔偿,其责任限额为延迟交付货物的运费数额,如果延迟损失与货物的灭失、损坏同时发生,则按货物灭失、损坏的责任限额为准,即对于货物延迟损失和灭失、损坏的不能超过货物灭失、损坏所规定的责任限额。

《汉堡规则》、《联合国国际货物多式联运公约》则规定无论有无议定交付期限,承运人对于延迟损失均予以赔偿。《汉堡规则》和《联合国国际货物多式联运公约》做出如下相同的规定:对于延迟损失的责任限额,相当于对延迟交付的2.5倍,但货物应付运费的不得超过整个合同运费额;而且在同时伴随货物的灭失、损坏时,总赔偿责任不能超过按公约所规定的货物损坏、灭失的责任限额所确定的货物全部灭失的赔偿责任限额。

5)多式联运经营人的免责

目前对于承运人可以免除责任的所谓免责条款,除了《汉堡规则》及《联合国国际货物多式联运公约》未采用列举法外,其他国际公约、惯例及国内法律法规大都采用列举方式列举了若干免责事项。有关具体内容,请参阅本书附录。

4. 技能训练

(1)准备。学生每5人为一个项目组,每个项目组选一名项目经理;PPT案例展示;教师现场指导。

(2)步骤。各组运用理论知识按不同责任制类型分析案例;以组为单位完成案例分析;每组派一位代表陈述结果。

(3)注意事项。一丝不苟,认真分析;及时打分点评;教师维持秩序,并适当引导。

思考练习

1. 简述题

(1)什么是国际多式联运经营人?

(2)简述国际多式联运经营人的类型。

(3)什么是多式联运经营人的责任制?有哪些类别?

(4)多式联运经营人承担赔偿责任的原则有哪些?

(5)单一运输公约下承运人的责任期间是如何规定的?

2. 思考题

(1)试分析国际多式联运经营人与无船承运人和传统货运代理的异同。

(2)国际多式联运经营人的性质有哪些?

3. 案例分析题

按混合责任制,一票货物在装船时,船上吊钩运行至船岸当中,突然绑绳断裂,造成货物掉入水中,与水反应导致损坏。**问:责任应由谁承担?**

项目三　国际多式联运合同的认知

教学要点

(1)明确国际多式联运合同的定义与特点;

(2)明确国际多式联运合同与单一运输合同的区别;

(3)掌握国际多式联运合同的订立业务;

（4）掌握国际多式联运合同的内容。

教学方法

可采用讲授、情景教学、案例教学和分组讨论等方法。

1. 情境设置

国内上海某 A 出口公司与国外芝加哥某 B 进口公司签订了一份买卖合同，双方约定货物由上海运至芝加哥。在着手安排货物运输的过程中，A 公司发现，很多船公司只开展"港—港"的运输，即只负责上海到美国西海岸港口的海路运输，而西海岸港口到芝加哥的陆上运输则是由铁路运输公司或公路运输公司负责的。A 公司为了方便掌控货物，很希望找一家负责全程运输的公司签订国际多式联运合同。

想一想

- （1）什么是国际多式联运合同？
- （2）A 公司应该找哪类运输公司签订合同？
- （3）国际多式联运合同如何订立？

2. 技能训练目标

掌握国际多式联运合同的定义和特征以及国际多式联运合同的订立流程。

3. 相关理论知识

1）国际多式联运合同的定义

关于国际多式联运合同的定义，有关的国际公约、法律法规和惯例均作了相应的规定。

1980 年的《联合国国际货物多式联运公约》第 1 条第 3 款规定："多式联运合同"是指多式联运经营人凭以收取运费、负责履行或实现履行国际多式联运的合同。

1991 年的《联合国贸易和发展会议/国际商会多式联运单证规则》第 2 条第 1 款规定："多式联运合同"是指以至少通过两种不同的运输方式运送货物的合同。

《中华人民共和国合同法》第 317 条规定："多式联运经营人负责履行或者组织履行多式联运合同，对全程运输享有承运人的权利，承担承运人的义务。"

《中华人民共和国海商法》第 102 条规定：多式联运合同是指多式联运经营人以两种以上的不同运输方式，其中一种是海上运输方式，负责将货物从接收地运至目的地交付收货人，并收取全程运费的合同。

《国际集装箱多式联运管理规则》第 4 条第 3 款规定："国际集装箱多式联运合同（以下简称多式联运合同）"是指多式联运经营人凭以收取运费、负责完成或组织完成国际多式联运的合同。

综上可见，多式联运合同是指多式联运经营人接受托运人的委托，双方协商一致签订的由多式联运经营人以两种或两种以上的不同运输方式，负责将货物从接收地运至目的地交付收货人，并收取全程运费的合同。

2）国际多式联运合同的条件和特点

与各单一方式运输合同一样，国际多式联运合同的标的也是货物运输，但它又区别于其

他运输合同,有自己的特性和条件。一般来讲,国际多式联运合同应具备以下条件:

(1) 必须是对货物的运输,而且是国际间的货物运输。

(2) 在全程运输中要使用两种或两种以上运输方式,而且是这些运输方式的连续运输。

(3) 多式联运经营人应具有接受货物、保管货物和完成或组织完成运输及有关服务的责任。

(4) 该合同应是承揽、有偿和非要式的合同。

另外,无论是从合同涉及的运输使用的运输方式,还是从合同的具体体现形式来看,国际多式联运合同与单一方式下的运输合同都有较大区别,是一种新的运输合同。尽管运输全程分为多个运输区段,各区段又由不同的承运人来完成,多式联运合同也不能被分为几个单一运输合同,必须与单一方式下的运输合同区别对待。多式联运合同与一般运输合同相比具有以下特点:

(1) 多式联运合同的承运人一般为2人以上。虽然多式联运合同涉及多个承运人,但托运人只需与多式联运经营人签订运输合同。其他承运人根据多式联运经营人代理自己与托运人订立的联运合同在自己的运输区段内完成运输任务。

(2) 多式联运合同的运输方式为2种以上。例如空运加水运,如果数个承运人用同一方式运输,则为相继运输。

(3) 托运人一次性交费并使用同一凭证。货物由一承运人转至另一承运人时,不需另行交费或办理有关手续。

3) 国际多式联运合同的订立

国际多式联运合同是处于平等法律地位的国际多式联运经营人与发货人双方的民事法律行为,只有在双方表示一致时才能成立,与其他合同一样,是双方的协议,其订立过程是双方协商的过程。

国际多式联运经营人为了揽取货物运输,要对自己的企业(包括办事机构地点等)、经营范围(包括联运线路、交接货物地域范围、运价,双方责任、权利、义务等)作广告宣传,并用运价本、提单条款等形式公开说明。发货人或他的代理人向经营多式联运的公司或其营业所或代理机构申请货物运输时,通常要提出货物(一般是集装箱货)运输申请(或填写订舱单),说明货物的品种、数量、起运地、目的地、运输期限要求等内容,多式联运经营人根据申请的内容,并结合自己的营业路线、所能使用的运输工具及其班期等情况,决定是否接受托运,如果认为可以接受,则在双方商定运费率及支付形式,货物交接方式、形态、时间等情况后,签订运输合同。此时,多式联运经营人为合同的承揽运输人一方,托运人为合同的另一方。然后,多式联运经营人与各区段承运人签订运输协议。在这种情形下,多式联运经营人以自己的名义与托运人签订多式联运合同,承担全程运输,而实际上经营人于承揽运输任务后再将运输任务交由其他承运人完成。但托运人仅与多式联运经营人直接发生运输合同关系,而与实际承运人并不直接发生合同关系。因此,多式联运经营人处于一般运输合同的承运人的地位,享受相应的权利,并承担相应的责任。至于多式联运经营人与实际承运人之间的关系,则依其相互间的协议而定。

4) 国际多式联运合同的内容

一般来说,国际多式联运合同应含有如下内容:

(1) 托运人和收货人的名称或者姓名及住所;

(2) 发货站与到货站的详细名称;

(3) 货物的名称(运输标的名称);

(4)货物的性质；

(5)货物的重量；

(6)货物的数量；

(7)运输形式；

(8)履行期限、地点和方式；

(9)违约责任；

(10)费用的承担；

(11)包装要求；

(12)合同纠纷解决方式；

(13)双方约定的其他事项等。

多式联运合同的范例,可参照下面的格式：

多式联运合同示范格式

甲方：_____（托运人）　　　乙方：_____（承运人）

法定代表人：_____　　　　　法定代表人：_____

法定地址：_____　　　　　　法定地址：_____

邮编：_____　　　　　　　　邮编：_____

经办人：_____　　　　　　　经办人：_____

联系电话：_____　　　　　　联系电话：_____

传真：_____　　　　　　　　传真：_____

银行账户：_____　　　　　　银行账户：_____

甲乙双方经过友好协商,就办理甲方货物多式联运事宜达成如下合同：

1.甲方应保证如实提供货物名称、种类、包装、件数、重量、尺码等货物状况,由于甲方虚报给乙方或者第三方造成损失的,甲方应承担损失。

2.甲方应按双方商定的费率在交付货物_____天之内将运费和相关费用付至乙方账户。甲方若未按约定支付费用,乙方有权滞留提单或者留置货物,进而依法处理货物以补偿损失。

3.托运货物为特种货或者危险货时,甲方有义务向乙方作详细说明。未作说明或者说明不清的,由此造成乙方的损失由甲方承担。

4.乙方应按约定将甲方委托的货物承运到指定地点,并应甲方的要求,签发联运提单。

5.乙方自接货开始至交货为止,负责全程运输,对全程运输中乙方及其代理或者区段承运人的故意或者过失行为而给甲方造成的损失负赔偿责任。

6.乙方对下列原因所造成的货物灭失和损坏不负责任：

(1)货物由甲方或者代理人装箱、计数或者封箱的,或者装于甲方的自备箱中；

(2)货物的自然特性和固有缺陷；

(3)海关、商检、承运人行使检查权所引起的货物损耗；

(4)天灾,包括自然灾害,例如但不限于雷电、台风、地震、洪水等,以及意外事故,例如但不限于火灾、爆炸、由于偶然因素造成的运输工具的碰撞等；

(5)战争或者武装冲突；

(6)抢劫、盗窃等人为因素造成的货物灭失或者损坏；

(7)甲方的过失造成的货物灭失或者损坏；

(8)罢工、停工或者乙方雇佣的工人劳动受到限制；

(9)检疫限制或者司法扣押；

(10)非由于乙方或者乙方的受雇人、代理人的过失造成的其他原因导致的货物灭失或者损坏，对于第(7)项免除责任以外的原因，乙方不负举证责任。

7.货物的灭失或者损坏发生于多式联运的某一区段，乙方的责任和赔偿限额，应该适用该区段的法律规定。如果不能确定损坏发生区段，则应当使用调整海运区段的法律规定，不论是根据国际公约还是根据国内法。

8.对于逾期支付的款项，甲方应按每日万分之五的比例向乙方支付违约金。

9.由于甲方的原因(如未及时付清运费及其他费用而被乙方留置货物或滞留单据或提供单据迟延而造成货物运输延迟)所产生的损失由甲方自行承担。

10.合同双方可以依据《中华人民共和国合同法》的有关规定解除合同。

11.乙方在运输甲方货物的过程中应尽心尽责，对于因乙方的过失而导致甲方遭受的损失和发生的费用承担责任，以上损失不包括货物因延迟等原因造成的经济损失。在任何情况下，乙方的赔偿责任都不应超出每件_____元人民币或每公斤_____元人民币的责任限额，两者以较低的限额为准。

12.本合同项下发生的任何纠纷或者争议，应提交中国海事仲裁委员会，根据该会的仲裁规则进行仲裁。仲裁裁决是终局的，对双方都有约束力。本合同的订立、效力、解释、履行、争议的解决均适用中华人民共和国法律。

13.本合同从甲乙双方签字盖章之日起生效，合同有效期为_____天，合同期满之日前，甲乙双方可以协商将合同延长_____天。合同期满前，如果双方中任何一方欲终止合同，应提前_____天，以书面的形式通知另一方。

14.本合同经双方协商一致可以进行修改和补充，修改及补充的内容经双方签字盖章后，视为本合同的一部分。本合同正本一式__份。

甲方(盖章)：_____　　　　　　乙方(盖章)：_____

法定代表人(签字)：_____　　　法定代表人(签字)：_____

_____年_____月_____日　　　　　_____年_____月_____日

签订地点：_____　　　　　　　签订地点：_____

4.技能训练

(1)准备。学生分为3个小组，第1小组为托运人小组，第2小组为多式联运经营人小组，第3小组为各区段承运人小组。

(2)步骤。通过老师的引导和讲解，各小组学生完成多式联运合同的签订。

(3)注意事项。各小组要平等协商，教师维持秩序，并适当引导。

思考练习

1.简述题

(1)什么是国际多式联运合同？

(2)国际多式联运合同的双方当事人是谁？

2.思考题

(1)画出国际多式联运合同的订立流程图。

(2)试分析国际多式联运合同和单一运输合同的区别。

任务二　国际多式联运与国际贸易关系认知

内容简介

经济的全球化、一体化,带动了国际贸易的飞速发展。随着国际贸易范围的扩大以及贸易格局的变化,传统的单一运输方式已经不能满足国际贸易的要求,需要全新的服务方式即国际多式联运来完成。而国际多式联运的蓬勃发展也极大推动了国际贸易。本任务通过介绍《国际贸易术语解释通则》以及《跟单信用证统一惯例》,让学生了解国际贸易与国际多式联运之间的关系。

教学目标

1. 知识目标

(1) 了解国际贸易术语的含义及其在国际贸易中的作用;
(2) 掌握常用贸易术语的含义以及适用于国际多式联运的贸易术语;
(3) 掌握《跟单信用证统一惯例》中与运输单据有关的规定。

2. 技能目标

(1) 能够根据贸易对于运输的要求,选择合适的贸易术语进行报价;
(2) 运用贸易术语的知识,能够分析和解决国际贸易中出现的运输问题;
(3) 运用信用证的知识解决国际贸易中多式联运业务的相关问题。

案例导入

案 例 一

我国 A 公司与美商 B 达成的合同中采用的术语为 FOB 上海,合同规定的交货时间为 2009 年 3~4 月份,可是到了 4 月 30 日,买方指派的船只还未到达上海港。

问题:

(1) 如果货物在 5 月 2 日因仓库失火而全部灭失。发生灭失的风险应由谁来负担?
(2) 如果船于 5 月 2 日到达并装运,由此为保存货物而发生的额外费用由谁负担?

案 例 二

我国 A 公司向澳大利亚 B 公司出口 1000t 大米,国外开来信用证规定:不允许分批装运。结果 A 公司在规定的时间内分别在连云港、上海各装 500t 大米于同一条船上,提单也注明不同的装运地和不同的装船日期。

问题:这是否违约?银行能否议付?

引导思路

(1) 案例一当中,什么是 FOB 术语?

（2）FOB贸易条款下买方和卖方的责任和风险承担范围如何？

（3）什么是信用证？

（4）信用证对分批装运有哪些规定？

项目一　国际多式联运与国际贸易术语关系认知

教学要点

1. 掌握贸易术语的种类及内容。
2. 掌握不同贸易术语的买卖双方的风险和责任划分以及适用多式联运的贸易术语。

教学方法

可采用讲授、情景教学、案例教学和分组讨论等方法。

一、情境设置

印度孟买一家电视机进口商与日本京都电器制造商洽谈买卖电视机交易，从京都（内陆城市）至孟买，集装箱多式联运服务。货物在京都距制造商5km的集装箱堆场（CY）装入集装箱后，由货运商用卡车经公路运至横滨，然后装上海轮运到孟买。京都制造商不愿承担公路和海洋运输的风险；孟买进口商则不愿承担货物交运前的风险。

试分析：京都制造商应该采用何种贸易术语报价？

多式联运示意如图2-1所示。

图2-1　京都至孟买的多式联运示意图

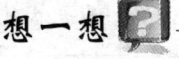

- 如何满足京都制造商和孟买进口商的需要？

二、技能训练目标

掌握国际贸易术语的含义和分类，能够区分和辨别不同贸易术语的适用范围和责任风险划分。

三、相关理论知识

1. 贸易术语（Trade Term）的含义

贸易术语（Trade Term）又称贸易条件、价格术语，是一个简短的概念或英文字母缩写，用于说明买卖双方有关风险、责任和费用的划分，确定买卖双方交接货物方面各自应尽的义务。

每一个具体的贸易术语,对买卖双方的风险、责任和费用都有其特定的划分。一般来讲,在贸易中,卖方承担的风险、责任和费用越大(多),商品的报价就越高,所以,不同的贸易术语可以反映不同的价格构成。使用贸易术语,既可节省交易磋商的时间和费用,又可简化交易磋商和买卖合同的内容,有利于交易的达成和贸易的发展。

2. 国际贸易术语解释通则

国际商会于1936年制定了《国际贸易术语解释通则》(International Rules for the Interpretation of Trade Terms,简写INCOTERMS),并于1953年、1967年、1976年、1980年、1990年、2000年、2010年,先后进行7次修改和补充。

资料卡　　　　国际上有较大影响的贸易术语的国际惯例

1.《2010年国际贸易术语解释通则》——目前使用最广泛,影响最大。
2.《1932年华沙—牛津规则》——解释CIF的性质。
3.《1941年美国对外贸易修订本》——主要是美洲国家采用。

1)《2000年国际贸易术语解释通则》(简称《2000年通则》)

《2000年通则》对13个贸易术语作了进一步解释,见表2-1。

13个术语的分类及其适用的运输方式　　　　　表2-1

贸易术语分组	贸 易 术 语 表 示	进出口报关的责任	运输、保险的责任及费用	适用的运输方式
E组	EXW—EX Works 出口国工厂交货	买方负责进出口报关	运输、保险由买方负责	任何运输方式
F组	FCA—Free Carrier 货交承运人	卖方出口报关,买方进口报关	运输、保险由买方负责	任何运输方式
	FAS—Free Alongside Ship 船边交货			海运、内河运输
	FOB—Free on Board 装运港船上交货			海运、内河运输
C组	CFR—Cost and Freight 成本加运费	卖方出口报关,买方进口报关	运输均由卖方负责,CFR、CPT保险由买方负责,CIF、CIP保险由卖方负责	海运、内河运输
	CIF—Cost,Insurance and Freight 成本、保险费加运费			海运、内河运输
	CPT—Carriage Paid to 运费付至目的地			任何运输方式
	CIP—Carriage and Insurance Paid to 运费、保险费付至目的地			任何运输方式
D组	DAF—Delivered at Frontier 边境交货	DDP:由卖方负责进出口报关;其余:由卖方负责出口报关,由买方负责进口报关	运输、保险由卖方负责	任何运输方式
	DES—Delivered EX Ship 目的港船上交货			海运、内河运输
	DEQ—Delivered EX Quay 目的港码头交货			海运、内河运输
	DDU—Delivered Duty Unpaid 未完税交货			任何运输方式
	DDP—Delivered Duty Paid 完税后交货			任何运输方式

2)《2010年国际贸易术语解释通则》(简称《2010年通则》)

国际商会根据国际货物贸易的发展,对《2000年通则》进行修订,2010年9月27日公布,于2011年1月1日实施。

相对于《2000年通则》,《2010年通则》有如下变化:

(1)贸易术语分类的调整:

由原来的E、F、C、D四组分为适用于两类:适用于各种运输方式和水运。

(2)贸易术语的数量由原来的13个变为11个。

(3)《2010年通则》删去了《2000年通则》中的4个术语:

DAF(Delivered at Frontier)边境交货

DES(Delivered EX Ship)目的港船上交货

DEQ(Delivered EX Quay)目的港码头交货

DDU(Delivered Duty Unpaid)未完税交货

(4)《2010年通则》中新增了2个术语:

DAT(Delivered at Terminal)在指定目的地或目的港的集散站交货

DAP(Delivered at Place)在指定目的地交货

即用DAP取代了DAF、DES、DDU三个术语,DAT取代了DEQ,且扩展至适用于一切运输方式。

DAT(Delivered at Terminal),"Terminal"可以是任何地点,如码头,仓库,集装箱堆场或者铁路、公路或航空货运站等。

DAP(Delivered at Place)是指在指定目的地交货。两者的主要差异是DAT下卖方需要承担把货物由目的地(港)运输工具上卸下的费用,DAP下卖方只需在指定目的地把货物处于买方控制之下,而无须承担卸货费。

(5)修订后的《2010年通则》取消了"船舷"的概念,卖方承担货物装上船为止的一切风险,买方承担货物自装运港装上船后的一切风险。

(6)在FAS,FOB,CFR和CIF等术语中加入了货物在运输期间被多次买卖(连环贸易,String Sales)的责任义务的划分。考虑到对于一些大的区域贸易集团内部贸易的特点,规定《2010年通则》不仅适用于国际销售合同,也适用于国内销售合同。

第一组,适用于任何运输方式的7个术语:EXW、FCA、CPT、CIP、DAT、DAP、DDP。

EXW(EX Works)	工厂交货
FCA(Free Carrier)	货交承运人
CPT(Carriage Paid to)	运费付至目的地
CIP(Carriage and Insurance Paid to)	运费/保险费付至目的地
DAT(Delivered at Terminal)	目的地或目的港的集散站交货
DAP(Delivered at Place)	目的地交货
DDP(Delivered Duty Paid)	完税后交货

第二组,适用于水上运输方式的4个术语:FAS、FOB、CFR、CIF。

FAS(Free Alongside Ship)	装运港船边交货
FOB(Free on Board)	装运港船上交货
CFR(Cost and Freight)	成本加运费
CIF(Cost Insurance and Freight)	成本、保险费加运费

虽然《2010年通则》于2011年1月1日正式生效,但是《2010年通则》实施之后并非《2000年通则》就自动作废。因为国际贸易惯例本身不是法律,对国际贸易当事人不产生必然的强制性约束力。国际贸易惯例在适用的时间效力上并不存在"新法取代旧法"的说法,当事人在订立贸易合同时仍然可以选择适用《2000年通则》甚至《1990年通则》。

3. 六种国际贸易中常用的贸易术语

1) FOB

FOB——Free on Board(……named port of shipment),即装运港船上交货(……指定装运港)。该术语适用于海运或者内河运输,是指卖方将货物放置于指定装运港由买方指定的船舶上,或购买已如此交付的货物即为交货,当货物放置于该船舶上时,货物灭失或损毁的风险即转移,而买方自该点起负担一切费用。FOB贸易术语不适合在装上船之前转移风险的情形,比如在集装箱堆场交付。在该情形下,应该采用货交承运人的贸易术语。

卖方必须在指定装运港于买方指明的装载地点(如有),将货物放置于买方指定船舶上,或购买已经如此交货的货物而为交货。无论如何,卖方均必须在约定日期或约定期限内,且依照该港口习惯的方式交付货物。如买方未列明特定的装载地点,则卖方可选择装运港内最合适的交货地点。

卖方需要承担货物在装运港装上前的一切费用和风险,并办理货物出口报关手续,取得货物出口许可证或其他官方文件。而买方需要办理货物进口报关手续,取得货物进口许可证或其他官方文件,承担货物在装运港装上船以后的费用和风险。卖方对于买方并没有订立运输契约的义务。但若买方有请求或商业习惯,且买方未于适当时间内做出相反的指示,则卖方得以在买方承担风险及费用前提下,依照通常条件订立运输契约。无论哪一种情形,卖方均有权拒绝订立运输契约;但如拒绝,则应迅速通知买方。

FOB术语下,贸易双方签订合同时,需要注意以下事项:

(1)"船舷"的变化。与《2000年通则》不同的是,《2010年通则》取消强调卖方承担货物至在指定装运港越过船舷时为止的一切风险,买方承担货物自在指定装运港越过船舷时起的一切风险的规定。不再设定"船舷"的界限,而只强调卖方承担货物装上船为止的一切风险,买方承担货物自装运港装上船开始起的一切风险。

(2)船货衔接问题。在FOB贸易术语下,由买方负责租船或订舱,并将船名和装船时间通知卖方,而卖方必须在合同规定的装船期和装运港,将货物装上买方指定的船只。若船只按时到港,而卖方尚未备妥而未能按照合同规定装船,则卖方应承担可能造成的空舱费或滞期费;相反,若买方延迟派船,使卖方不能按照合同规定的装运期装船,则因此而产生的卖方仓储、保险等费用支出的增加,以及因延迟收款造成的利息损失,均由买方承担。因此买卖双方必须明确合同内容,加强联系配合。

(3)装货费用分担。在按FOB条件成交时,卖方要负责支付货物装上船之前的一切费用。但各国对于"装船"的概念没有统一的解释,有关装船的各项费用由谁负担,各国的惯例或习惯做法也不完全一致。若采用班轮运输,班轮公司负责货物在装货港的装货和卸货港的卸货,装卸费计入班轮运费之中,自然由买方承担;而若对于大宗货物采用程租船运输时,船方一般不负担装卸费用。这就需要说明装船的各项费用应由谁负担。为了说明装船费用的负担问题,双方往往在FOB术语后加列附加条件,这就形成了FOB的变形。主要包括以下几种:

①FOB Liner Terms(FOB班轮条件)。指装船费用按照班轮的做法处理,即由船方或买方承担。所以,采用这一变形,卖方不负担装船的有关费用。

②FOB Under Tackle（FOB 吊钩下交货）。指卖方负担费用将货物交到买方指定船只的吊钩所及之处，而吊装入舱以及其他各项费用，概由买方负担。

③FOB Stowed（FOB 包括理舱费，FOBS）。指卖方负责将货物装入船舱并承担包括理舱费在内的装船费用。理舱费是指货物入舱后进行安置和整理的费用。

④FOB Trimmed（FOB 包括平舱费，FOBT）。指卖方负责将货物装入船舱并承担包括平舱费在内的装船费用。平舱费是指对装入船舱的散装货物进行平整所需的费用。

在许多标准合同中，为表明由卖方承担包括理舱费和平舱费在内的各项装船费用，常采用 FOBST（FOB Stowed and Trimmed）方式。FOB 的上述变形，只是为了表明装船费用由谁负担而产生的，并不改变 FOB 的交货地点以及风险划分的界限。

2）CIF

CIF——Cost, Insurance and Freight（……named port of destination），成本、保险费加运费（……指定目的港）。该术语仅适用于海运和内河运输，指卖方负责租船或订舱，将货物装上船或指设法获取这样交付的商品。卖方须自行订立运输合同，支付将货物装运至指定目的港所需的运费和费用。货物灭失或损坏的风险在货物于装运港装船时转移向买方。另外，在 CIF 术语中卖方须订立货物在运输途中由买方承担的货物灭失或损坏风险的保险合同，支付保险费用。

在 CIF 术语下，卖方按照规定，将货物交付到船上时，即完成交货义务，而不是在到目的港前。买方自货物交付到船上后承担所有货物灭失或者损坏的风险。

此规则因风险和费用分别于不同地点转移而具有以下两个关键点。合同惯常会指定相应的目的港，但可能不会进一步详细指明装运港，即风险向买方转移的地点。如买方对装运港尤为关注，那么合同双方最好在合同中尽可能精确地确定装运港。

由卖方负责办理货物出口清关手续，取得任何出口许可证或其他官方批准文件，买方负责为货物办理进口清关、支付进口关税或者完成任何进口地海关的报关手续。

CIF 术语下，贸易双方签订合同时，需要注意以下事项：

（1）卖方负责租船或订舱。CIF 术语规定由卖方负责自费办理租船或订舱业务，因此按照一般惯例，卖方只要使用习惯行驶的航线，选择有关货物通常类型的船舶，即完成责任，买方一般无权限定船舶的国籍、船型、船龄。

（2）卖方负责办理保险。根据 CIF 术语规定，卖方须签订保险合同，保障货物装船后在运输途中的风险，卖方应清楚，其有义务投保的险别仅是最低保险险别。最低保险金额应当包括合同中所规定的价款另加 10%（即 110%），并应用合同货币。若买方希望得到更为充分的保险保障，则需要与卖方明确地达成协议或者自行做出额外的保险安排。该保险责任的期限必须延至货物到达约定的目的港为止。

（3）卸货费用的分担。若货物是用班轮运输，则班轮运费中包括货物在装货港的装货费和在目的港的卸货费，根据 CIF 术语规定，则卖方不仅承担装货费还有卸货费，若货物为大宗类型，需要卖方租船运输，则在装货港的装货费应由卖方承担，而在目的港的卸货费究竟由何方承担，买卖双方应在合同中确定。具体内容可用 CIF 术语的变形表示：

①CIF 班轮条件（CIF liner term）。卸货费用按班轮条件处理，由卖方承担。

②CIF 舱底交货（CIF Ex ship's hold）。买方承担将货物从舱底起吊卸到码头的费用。

③CIF 吊钩交货（CIF Ex tackle）。卖方承担将货物从舱底吊至船边卸离吊钩为止的费用。

④CIF 卸到岸上（CIF landed）。承担将货物卸到目的港岸上的费用，包括驳船费和码头费。

小案例

中国A公司以CIF价格向英国B公司出口一批服装,并规定以信用证方式支付,A公司向中国人民保险公司投保了一切险,并在货物装船后取得提单,办理议付。第二天,A公司接到B公司电话,装载该批服装的集装箱由于船公司绑扎加固不当落海,要求A公司向中国人民保险公司索赔,否则要求退还全部货款。

问:这个要求是否合理?为什么?

3) CFR

CFR——Cost and Freight(……named port of destination),即成本加运费付至(……指定目的港)。该贸易术语只适用于海路及内陆水运,指卖方交付货物于船舶之上或采购已如此交付的货物时即完成交货义务,而货物损毁或灭失之风险从货物转移至船舶之上起由买方负责承担,卖方应当承担并支付必要的成本加运费以使货物运送至目的港。

由卖方负责办理货物出口清关手续,取得任何出口许可证或其他官方批准文件,买方负责为货物办理进口清关、支付进口关税或者完成任何进口地海关的报关手续。

CFR术语下,贸易双方签订合同时,需要注意以下事项:

(1) 根据CFR贸易术语,由卖方负责订舱租船,而买方负责办理全程保险,卖方在装船后必须及时发出装船通知,若卖方不及时发出装船通知,买方则难以办理保险手续,甚至发生漏报的可能性。对此,可在合同中规定,如卖方不及时发出装船通知,致使买方未能投保,卖方应承担运输合同中的货物保险责任。

(2) 针对卸货费用由谁负担,CFR有不同的变形:如CFR班轮条件(CFR liner terms)、CFR舱底交货(CFR Ex ship's hold)、CFR吊钩交货(CFR ex tackle)和CFR卸到岸上(CFR landed)。CFR术语的各种变形,在关于明确卸货费用分担上,与CIF术语变形中说明的内容相似。

4) FCA

FCA——Free Carrier(……named place of delivery)即货交承运人(……指定地点)。该项贸易术语可以适用于各种运输方式(单独使用的情况),也可以适用于多种运输方式同时使用的情况。"货交承运人"是指卖方于其所在地或其他指定地点将货物交付给承运人或买方指定人。建议当事人最好尽可能清楚地明确说明指定交货的具体点,风险将在此点转移至买方。

若当事人希望在卖方所在地交付货物,则应当确定该所在地的地址,即指定交货地点。另一方面,若当事人希望在其他地点交付货物,则应当明确确定一个具体交货地点。交货卖方必须于指定地或约定地点(如有),于约定日期或在约定期限内,将货物交付买方指定的承运人或其他人。若指定地为卖方所在地或营业处所,则货物于装上买方所提供的运输工具时为完成交货;在任何其他情形,则将货物置于卖方运输工具上准备卸载交由买方指定的承运人或其他人处置时为完成交货。若买方未通知指定交货地的特定地点,且可选择数处地点时,卖方有权选择最适合的交货地点。除买方另行通知外,卖方可根据货物的数量及(或)性质可能要求,将货物交付运输。

FCA要求卖方在需要时自负费用及风险办理出口清关手续,取得任何出口许可证或其他官方批准文件。而买方需自负风险和费用,以取得任何进口许可证及其他官方批准文件,并办理货物进口及通过任何国家运送的一切通关手续。

以货交承运人为界,卖方承担和支付有关该货物交给承运人之前的一切风险和费用,而买方承担货物交给承运人之后的一切风险和费用。卖方无义务订立运送契约,但如买方请求或有商业惯例,且买方没有在适当时间内做出相反的指示,卖方可以按照通常条件订立运输合同,但是需要买方承担风险和费用。无论何种情形,卖方均有权拒绝订立运输合同,但应及时通知买方。

小案例

中国 A 公司以 FCA SHANGHAI AIRPORT 条件向英国 B 公司出口一批电子产品,规定交货期为 9 月份,自上海空运至伦敦;A 公司于 9 月 30 日将货物运到浦东机场交付 B 公司指定的承运人——东方航空公司,并取得东方航空公司签发的航空运单。由于航空公司的自身原因,货物于 10 月 3 日抵达伦敦。B 公司以违反合同的装运期为由拒绝付款。

问:我方应如何处理?为什么?

5) CPT

CPT——Carriage Paid to(……named place of destination)即运费付至(……目的地)。该贸易术语适用于任何运输方式中一种或者多种,是指卖方于一约定地点,将货物交付卖方所指定的承运人或其他人,且卖方必须订立运输契约并支付将货物运送至目的地所需的运费,若特定地点未经约定,或不能根据惯例确定,则卖方可以选择在目的地最合适的交货地点作为交货地点,货物在交付给承运人时就算完成交货任务,而不是运至目的地时。

卖方需要支付交付货物所产生的一切运费及一切其他费用,包括货物的装载费用及在目的地,依照运输契约系由卖方负担的任何卸货费用,及办理货物出口清关手续,取得任何出口许可证或其他官方批准文件而产生的费用。

买方负责货物运输保险,卖方负责交付货物于承运人前的一切风险,交货后,货物灭失或损坏的风险,以及由于发生事件而引起的任何额外费用,则从卖方转移给买方。

6) CIP

CIP——Carriage, Insurance Paid to(……named place of destination)即运保费付至(……指定目的地)。本贸易术语适用于任何运输方式中一种或者一种以上,是指卖方于一约定地点(如双方有约定地点),将货物交付给卖方所指定的承运人或其他人,及完成交货,且卖方必须订立运输和保险契约,承担将货物运送至目的地所需的运费和保险费。即卖方除了承担在 CPT 术语下同样的义务外,还须针对运输中的货物发生灭失或损坏,订立保险合同,并支付保险费。若双方没有约定,卖方仅需投保险别最低承保范围内的保险,最低保险金额为合同价款加 10%,即 CIP 合同的 110%,并以合同货币投保。

4. 其他五个国际贸易中常用的贸易术语

小问号

我国某小企业对外贸的手续一无所知。现在美国一客商跟他洽谈货物出口,他应该选用什么样的贸易术语?

1) EXW

EXW——Ex Works(……named place)即工厂交货(……指定地点)。本贸易术语适用于任何运输方式,是指卖方在其所在地或其他指定地(即工场、工厂、仓库等)将货物交由买方处置时,即完成交货。卖方必须在指定交货地,在约定地点(如有),将尚未装上任何收货运输工具的货物交由买方处置。如在指定的交货地内未经约定特定的交货地点,且如有数处交货地可供选择时,卖方可以选择最适合的交货地点。卖方必须在约定的日期或者期间内交付货物。

该贸易术语下卖方承担责任最小,卖方无须将货物装上任何收货的运输工具,也不需要办理货物的出口清关手续。只需要承担交付货物前的风险和费用,买方则必须承担在双方约定的地点或在指定地受领货物的全部费用和风险。

2) FAS

FAS——Free Alongside Ship(……named place)即船边交货(……指定装运港)。该术语适用于海运或者内河运输,是指卖方将货物交到指定装运港由买方指定的船舶边(如在码头或驳船上)时,即为卖方完成交货。当货物放置于该船边时,货物灭失或损毁的风险即转移,而买方自该点起负担一切费用。双方当事人最好明确装运港的装载地点,因为至该地点的费用及风险均由卖方承担,且这些费用及相关的处理费用,可能因为港口作业习惯而不同。

当需要办理通关手续时,卖方必须自负风险与费用,以取得任何出口许可证或其他官方批准文件,并办理货物出口及其在交货前通过任何国家运送时所需的一切通关手续。

3) DAT

DAT——Delivered at Terminal(……named terminal at port or place of destination)即运输终端交货(……指定港口或目的地的运输终端)。本贸易术语适用于任何运输方式,是指卖方于指定目的港或目的地指定运输终端,从到达运输工具上卸下交由买方处置时,即完成交货任务。运输终端包括任何地方,无论是否露天,例如码头、仓库、集装箱堆场或公路、铁路或航空运输站。卖方必须自负费用订立运输契约,负担将货物运至位于指定目的港或目的地的运输终端,如特定终点站未经约定,或不能依照实务做法确定,则卖方有权选择在约定目的港或目的地最适合其本意的运输终点站交货。

在必要的情况下,DAT术语要求卖方办理货物出口清关手续。但是,卖方没有义务办理货物进口清关手续、支付任何进口税或办理任何进口报关手续。

若当事人希望卖方承担从终点站到另一地点的运输及管理货物所产生的风险和费用,那么可使用DAP(目的地交货)或DDP(完税后交货)贸易术语。

4) DAP

DAP——Delivered at Place(……named place of destination)即目的地交货(……指定目的地)。DAP是《2010年通则》新添加的术语,取代了的DAF[2](边境交货)、DES[3](目的港船上交货)和DDU[4](未完税交货)三个术语。本术语适用于任何运输方式中的一种或多种,是指在指定目的地,将到达的运送工具上准备卸载的货物交由买方处置时,卖方即完成交货。卖方负担货物运至指定地的一切风险。

尽管卖方承担货物到达目的地前的风险,该规则仍建议双方将合意交货目的地指定尽量明确。建议卖方签订恰好匹配该种选择的运输合同。如果卖方按照运输合同承受了货物在目的地的卸货费用,那么除非双方达成一致,卖方无权向买方追讨该笔费用。

在必要时,DAP术语要求应由卖方办理货物的出口清关手续,但卖方无义务办理货物的进口清关手续,支付任何进口税或者办理任何进口海关手续,如果当事人希望卖方办理货物的进口清关手续,支付任何进口税和办理任何进口海关手续,则应适用DDP规则。

5) DDP

DDP——Delivered Duty Paid(……named place of destination)即完税后交货(……指定目的地)。这条规则可以适用于任何一种运输方式,也可以适用于同时采用多种运输方式的情况,是指将已经办妥进口通关手续仍放置在到达的运送工具上准备卸载的货物交由买方处置时,即完成交货任务。卖方承担将货物运至指定的目的地的一切风险和费用,并有义务办理出口清关手续与进口清关手续,对进出口活动负责及办理一切海关手续。

DDP术语下卖方承担最大责任。由于到达指定地点过程中的费用和风险都由卖方承担,建议当事人尽可能明确地指定目的地。如果按照运输合同,卖方在目的地发生卸货费用,除非双方另有约定,否则卖方无权向买方要求偿付。

如果卖方不能直接或间接地取得进口许可,不建议当事人使用DDP术语;如果当事方希望买方承担进口的所有风险和费用,应使用DAP术语。

5. 选用贸易术语应考虑的因素

1) 考虑运输条件

买卖双方采用何种贸易术语,首先应考虑采用何种运输方式运送。在本身有足够运输能力或安排运输无困难,而且经济上又合算的情况下,可争取按由自身安排运输的条件成交,否则,则应酌情争取按由对方安排运输的条件成交。

2) 考虑货源情况

国际贸易中的货物品种很多,不同类别的货物具有不同的特点,它们在运输方面有不同要求,故安排运输的难易不同,运费开支大小也有差异。此外,成交量的大小,也直接涉及安排运输是否有困难和经济上是否合算。

3) 考虑运费情况

运费是货价构成因素之一,在选用贸易术语时,应考虑货物经由路线的运费收取情况和运价变动趋势。一般来说,当运价看涨时,可以选用由对方安排运输的贸易术语成交,如因某种原因不能采用时,则应将运价上涨的风险考虑到货价中去。

小问号
我国中小企业在与美国一些大客商进行贸易时,大多选用FOB术语,为什么?

4) 考虑运输途中的风险

在国际贸易中,交易的商品一般要经过长途运输,货物在运输途中可能遇到各种自然灾害、意外事故等风险,因此,买卖双方在洽商交易时,必须根据不同时期、不同地区、不同运输路线和运输方式的风险情况,并结合购销意图来选用适当的贸易术语。

5) 考虑办理进出口货物清关

在国际贸易中,货物进出口的清关手续有些国家规定只能由清关所在国的当事人安排或代为办理,有些国家无此项限制。如果买方不能直接或间接办理出口清关手续,则不宜按EXW术语成交;如果卖方不能直接或间接办理进口手续,此时则不宜采用DDP等。

6) 考虑国外港口装卸条件和港口习惯

各国的港口装卸条件不同,收费标准各异,港口的装卸作业习惯也有差别。对于装卸条件较差、装卸费用较高和习惯上须由买方承担装船费、卖方承担卸货费的港口,我方进口时应采用FOB stowed或FOB trimmed或FOBST贸易术语;出口时采用CIF Ex ship's hold或FOB Ex ship's hold贸易术语。

7) 按实际需要,灵活掌握

选用贸易术语时,也要根据实际需要,做到灵活掌握。例如,有些国家为了支持本国保险事业的发展,规定在进口时,须由本国办理保险。我方为了表示与其合作的意向,出口也可采用 FOB 或 CFR 贸易术语。又如，我方出口大宗商品时，国外买方为了争取到运费和保险费的优惠，要求自行办理租船订舱和保险，为了发展双方贸易，也可采用 FOB 贸易术语。在进口贸易中，如进口货物的数量不大，也可采用 CIF 贸易术语。

技能训练

（1）学生每 13 人分为一个小组。小组成员中 11 位学生分别掌握《2010 年通则》中的一种贸易术语的特点和使用范围；一位作为记录员，分别记录小组成员的讨论表现；另一位学生作为小组代表，汇报本小组讨论结果。

（2）教师讲解本项目引导案例。

（3）各小组针对本项目引导案例，结合掌握的资料，讨论案例的结果，并做好记录。

（4）教师观察和现场指导每个小组的讨论情况，并做出总结。

（5）各小组将案例结果与小组成员发言记录提交教师。

（6）训练时间安排：1 学时。

思考练习

1. 简答题

（1）相对于《2000 年通则》，《2010 年通则》有哪些变化？

（2）简述《2010 年通则》中的六个常用贸易术语的使用范围。

（3）试分析 FOB、CIF、CFR 三个贸易术语买卖双方的义务和异同点。

（4）FOB、CIF、CFR 与 FCA、CIP、CPT 的主要区别有哪些？

（5）《2010 年通则》中适用于多式联运的贸易术语有哪些？

（6）在对外贸易过程中如何选用恰当的贸易术语？

2. 案例分析题

（1）有一份出售一级大米的合同，按 FOB 条件成交，装船时货物经公证人检验，符合合同规定的品质条件，卖方在装船后已及时发出装船通知。但航行途中由于舱汗，大米部分受潮，品质受到影响。当货物到达目的港后，只能按三级大米价格出售，因而买方要求卖方赔偿损失。问：在上述情况下卖方对该项损失是否应负责？

（2）某市一进出口公司按 CFR 贸易术语与法国马赛某进口商签订一批抽纱台布出口合同，价值 8 万美元。1 月 8 日上午"昌盛轮"装货完毕，当天因经办该项业务的外销员工作繁忙，直到 9 日上班时才想起给买方发装船通知。法商收到我装船通知向当地保险公司申请投保时，该保险公司获悉"昌盛轮"已于 9 日凌晨在海上遇难而拒绝承担。于是法商立即来电表示该批货物损失应由我进出口公司承担并同时索赔 8000 美元，且拒不赎单。由于该法商是我方老客户，经我方向其申述困难并表示歉意后也就不再坚持索赔，但我方钱货两空的教训确实值得吸取。问：法商的要求合理么？

项目二　国际多式联运与信用证关系认知

教学要点

1. 信用证的特点；

2. 《跟单信用证统一惯例》（UCP600）对运输单据的规定。

教学方法

可采用讲授、多媒体展示、案例教学和分组讨论等方法。

1. 情境设置

我国某公司出口一批童装,收到国外开来的信用证,其中规定:数量为8000件,1~8月分批装运1000件,每月装运1000件。该信用证的受益人(卖方)在1~4月每月装运1000件,银行已分批凭单付款。第五批货物原定5月20日装运出口,但由于船只紧张,第五批货物延迟至6月2日才装船运出。当受益人凭6月2日的装船提单向银行议付时,遭银行拒付。**请问**:银行拒付理由是否正当?为什么?

想一想

- (1)信用证的特点是什么?
- (2)《跟单信用证统一惯例》(UCP600)对分批装运有什么规定?

2. 技能训练目标

掌握《跟单信用证统一惯例》(UCP600)对运输单据的规定。通过学习知识,学会处理信用证纠纷问题。

3. 相关理论知识

1)信用证的特点

信用证作为一种支付方式,具有以下特点:

(1)信用证是一项独立文件。

贸易合同是买卖双方之间签订的契约,只对买卖双方有约束力;信用证虽以贸易合同为基础,信用证一经开出,则成为独立于买卖合同之外的另一种契约,开证行和受益人以及参与信用证业务的其他银行均应受信用证的约束,按信用证的规定履行自己的义务,但这些银行当事人与贸易合同无关,故不受合同的约束。

资料卡 《商业跟单信用证统一惯例》

国际商会为明确信用证有关当事人的权利、责任、付款的定义和术语,减少因解释不同而引起各有关当事人之间的争议和纠纷,调和各有关当事人之间的矛盾,于1930年拟订一套《商业跟单信用证统一惯例》,并于1933年正式公布。随着国际贸易变化,国际商会分别在1951年、1962年、1974年、1978年、1983年、1993年、2006年进行了多次修订。2006年10月28日召开的国际商会巴黎年会上正式表决顺利通过《跟单信用证统一惯例(2007年修订版)》(UCP600),并于2007年7月1日正式生效实施,取代之前盛行的UCP500。

(2)开证行是第一性付款人。

信用证支付方式是由开证行以自己的信用做出付款的保证,开证行提供的是信用而不是资金,对出口商提交的符合信用证条款规定的跟单汇票承担第一性付款的责任。其特点是在符合信用证规定的条件下,首先由开证行承担付款的责任。但是,开证行的第一性付款责任是以出口商提交的单据完全符合信用证的要求为条件。

(3)信用证业务处理的是单据。

《跟单信用证统一惯例》(UCP600)第5条明确规定:"银行处理的是单据,而不是单据所涉及的货物、服务或其他行为",并将单据与信用证相符的要求细化为"单内相符、单单相符、单证相符"。可见,信用证业务是一种纯粹的凭单据付款的单据业务,只要受益人提供了符合信用证规定表面相符的单据,做到"单证相符",银行就有履行付款的责任。

2)《跟单信用证统一惯例》(UCP600)对运输单据的规定

第十九条 至少包括两种不同运输方式的运输单据

1)至少包括两种不同运输方式的运输单据(即多式运输单据或联合运输单据),不论其称谓如何,必须在表面上看来:

(1)显示承运人名称并由下列人员签署:

①承运人或承运人的具名代理或代表;

②船长或船长的具名代理或代表。

a.承运人、船长或代理的任何签字必须分别表明承运人、船长或代理的身份。

b.代理的签字必须显示其是否作为承运人或船长的代理或代表签署提单。

资料卡 《跟单信用证统一惯例》(UCP600)简介

《跟单信用证统一惯例》(UCP 600)共39条,主要包括以下内容:适用范围、定义、解释;信用证与合同、单据、货物、兑用方式、时间、地点;开证行、保兑行责任;信用证通知与修改;银行指定、银行偿付;单据审核标准、相符与不符交单的处理;有关单据:正本、副本、发票、提单、保单;交单、分批、分期装运、不可抗力、免责等。

---

(2)通过下述方式表明货物已在信用证规定的地点发运、接受监管或装载:

预先印就的措辞,或注明货物已发运、接受监管或装载日期的图章或批注。

运输单据的出具日期将被视为发运、接受监管或装载以及装运日期。然而,如果运输单据以盖章或批注方式标明发运、接受监管或装载日期,则此日期将被视为装运日期。

(3)显示信用证中规定的发运、接受监管或装载地点以及最终目的地的地点,即使:

运输单据另外显示了不同的发运、接受监管或装载地点或最终目的地的地点,或运输单据包含"预期"或类似限定有关船只、装货港或卸货港的指示。

(4)系仅有的一份正本运输单据,或者,如果出具了多份正本运输单据,应是运输单据中显示的全套正本份数。

(5)未注明运输单据受租船合约约束。

2)就本条款而言,转运意指货物在信用证中规定的发运、接受监管或装载地点到最终目的地的运输过程中,从一个运输工具卸下并重新装载到另一个运输工具上(无论是否为不同运输方式)的运输。

(1)只要同一运输单据包括运输全程,则运输单据可以注明货物将被转运或可被转运。

（2）即使信用证禁止转运，银行也将接受注明转运将发生或可能发生的运输单据。

第二十条　提单

1）无论其称谓如何，提单必须表面上看来：

（1）显示承运人名称并由下列人员签署：

①承运人或承运人的具名代理或代表；

②船长或船长的具名代理或代表。

a.承运人、船长或代理的任何签字必须分别表明其承运人、船长或代理的身份。

b.代理的签字必须显示其是否作为承运人或船长的代理或代表签署提单。

（2）通过下述方式表明货物已在信用证规定的装运港装载上具名船只：

预先印就的措辞，或注明货物已装船日期的装船批注。

提单的出具日期将被视为装运日期，除非提单包含注明装运日期的装船批注，在此情况下，装船批注中显示的日期将被视为装运日期。

如果提单包含"预期船"字样或类似有关限定船只的词语时，装上具名船只必须由注明装运日期以及实际装运船只名称的装船批注来证实。

（3）注明装运从信用证中规定的装货港至卸货港。

如果提单未注明以信用证中规定的装货港作为装货港，或包含"预期"或类似有关限定装货港的标注者，则需要提供注明信用证中规定的装货港、装运日期以及船名的装船批注。即使提单上已注明印就的"已装船"或"已装具名船只"措辞，本规定仍然适用。

（4）系仅有的一份正本提单，或者，如果出具了多份正本，应是提单中显示的全套正本份数。

（5）包含承运条件须参阅包含承运条件条款及条件的某一出处（简式或背面空白的提单）者，银行对此类承运条件的条款及条件内容不予审核。

（6）未注明运输单据受租船合约约束。

2）《跟单信用证统一惯例》（UCP600）规定：转运意指在信用证规定的装货港到卸货港之间的海运过程中，将货物由一艘船卸下再装上另一艘船的运输。

（1）只要同一提单包括运输全程，则提单可以注明货物将被转运或可被转运。

（2）银行可以接受注明将要发生或可能发生转运的提单。即使信用证禁止转运，只要提单上证实有关货物已由集装箱、拖车或子母船运输，银行仍可接受注明将要发生或可能发生转运的提单。

3）对于提单中包含的声明承运人保留转运权利的条款，银行将不予置理。

第二十一条　非转让海运单

1）无论其称谓如何，非转让海运单必须表面上看来：

（1）显示承运人名称并由下列人员签署：

①承运人或承运人的具名代理或代表；

②船长或船长的具名代理或代表。

a.承运人、船长或代理的任何签字必须分别表明其承运人、船长或代理的身份。

b.代理的签字必须显示其是否作为承运人或船长的代理或代表签署提单。

（2）通过下述方式表明货物已在信用证规定的装运港装载上具名船只：

预先印就的措辞，或注明货物已装船日期的装船批注。

非转让海运单的出具日期将被视为装运日期，除非非转让海运单包含注明装运日期的装船批注，在此情况下，装船批注中显示的日期将被视为装运日期。

如果非转让海运单包含"预期船"字样或类似有关限定船只的词语时,装上具名船只必须由注明装运日期以及实际装运船只名称的装船批注来证实。

(3)注明装运从信用证中规定的装货港至卸货港。

如果非转让海运单未注明以信用证中规定的装货港作为装货港,或包含"预期"或类似有关限定装货港的标注者,则需要提供注明信用证中规定的装货港、装运日期以及船名的装船批注。即使非转让海运单上已注明印就的"已装船"或"已装具名船只"措辞,本规定仍然适用。

(4)系仅有的一份正本非转让海运单,或者,如果出具了多份正本,应是非转让海运单中显示的全套正本份数。

(5)包含承运条件须参阅包含承运条件条款及条件的某一出处(简式或背面空白的提单)者,银行对此类承运条件的条款及条件内容不予审核。

(6)未注明运输单据受租船合约约束。

2)《跟单信用证统一惯例》(UCP600)规定:转运意指在信用证规定的装货港到卸货港之间的海运过程中,将货物由一艘船卸下再装上另一艘船的运输。

(1)只要同一非转让海运单单包括运输全程,则提单可以注明货物将被转运或可被转运。

(2)银行可以接受注明将要发生或可能发生转运的非转让海运单。即使信用证禁止转运,只要非转让海运单上证实有关货物已由集装箱、拖车或子母船运输,银行仍可接受注明将要发生或可能发生转运的非转让海运单。

3)对于非转让海运单中包含的声明承运人保留转运权利的条款,银行将不予置理。

第二十二条 租船合约提单

1)无论其称谓如何,倘若提单包含有提单受租船合约约束的指示(即租船合约提单),则必须在表面上看来:

(1)由下列当事方签署:

①船长或船长的具名代理或代表,或

②船东或船东的具名代理或代表,或

③租船主或租船主的具名代理或代表。

a.船长、船东、租船主或代理的任何签字必须分别表明其船长、船东、租船主或代理的身份。

b.代理的签字必须显示其是否作为船长、船东或租船主的代理或代表签署提单。

c.代理人代理或代表船东或租船主签署提单时必须注明船东或租船主的名称。

(2)通过下述方式表明货物已在信用证规定的装运港装载上具名船只:

预先印就的措辞,或注明货物已装船日期的装船批注。

租船合约提单的出具日期将被视为装运日期,除非租船合约提单包含注明装运日期的装船批注,在此情况下,装船批注中显示的日期将被视为装运日期。

(3)注明货物由信用证中规定的装货港运输至卸货港。卸货港可以按信用证中的规定显示为一组港口或某个地理区域。

(4)系仅有的一份正本租船合约提单,或者,如果出具了多份正本,应是租船合约提单中显示的全套正本份数。

2)即使信用证中的条款要求提交租船合约,银行也将对该租船合约不予审核。

第二十六条 "货装舱面"、"托运人装载和计数"、"内容据托运人报称"及运费之外的

费用

1）运输单据不得表明货物装于或者将装于舱面。声明货物可能被装于舱面的运输单据条款可以接受。

2）载有诸如"托运人装载和计数"或"内容据托运人报称"条款的运输单据可以接受。

3）运输单据上可以以印戳或其他方式提及运费之外的费用。

第二十七条　清洁运输单据

银行只接受清洁运输单据。清洁运输单据指未载有明确宣称货物或包装有缺陷的条款或批注的运输单据。"清洁"一词并不需要在运输单据上出现，即使信用证要求运输单据为"清洁已装船"的。

第三十一条　分批支款或分批装运

1）允许分批支款或分批装运。

2）表明使用同一运输工具并经由同次航程运输的数套运输单据在同一次提交时，只要显示相同目的地，将不视为部分发运，即使运输单据上标明的发运日期不通或装卸港、接管地或发送地点不同。如果交单由数套运输单据构成，其中最晚的一个发运日将被视为发运日。

含有一套或数套运输单据的交单，如果表明在同一种运输方式下经由数件运输工具运输，即使运输工具在同一天出发运往同一目的地，仍将被视为部分发运。

3）含有一份以上快递收据、邮政收据或投邮证明的交单，如果单据看似由同一块地或邮政机构在同一地点和日期加盖印戳或签字并且表明同一目的地，将不视为部分发运。

第三十二条　分期支款或分期装运

如信用证规定在指定的时间段内分期支款或分期发运，任何一期未按信用证规定期限支取或发运时，信用证对该期及以后各期均告失效。

4. 技能训练

（1）学生每8人为一组，分别掌握和理解《跟单信用证统一惯例》（UCP600）中对运输单据的规定，并结合掌握的知识互相讨论本项目引导案例。

（2）各小组认真学习理论知识，并结合案例加强对理论知识的理解。

（3）以小组为单位完成案例分析。

（4）每组派一位代表总结本组成员对项目导入案例的分析结果。

（5）训练时间安排：1学时。

思考练习

1. 简答题

（1）信用证有何特点？

（2）信用证对于多式联运单据有何规定？

（3）信用证对租船合约提单有何规定？

2. 案例分析题

（1）某信用证下货物分装两条船，取得两套提单，装运日期间隔3天。两批分装货物和金额合并在一起使用同一套发票等单据及面函。信用证允许分批装运。单据被拒绝接受，银行认为每一批装运是独立的，应缮制两套各自独立的单据。

问:银行的观点正确吗?

(2)中国A公司以CIF价格向英国B公司出口一批货物,并规定以信用证方式支付,A公司在货物装船后取得提单,但该船刚驶离港口就触礁搁浅,导致货物受损。银行知道该消息后,拒不接受A公司提交相应单据议付,理由是货物已受损。

问:银行的观点正确吗?为什么?

任务三　国际集装箱多式联运业务

内容简介

对于将未来职业定位于航运业的学生来说，掌握必要的多式联运知识与技能是至关重要的。本部分内容重点讲解国际集装箱多式联运涉及的主要业务知识及相关技能。包括：集装箱运输货物集散与交接方式；国际集装箱多式联运主要业务及单证知识；国际集装箱多式联运码头及货运站业务知识等。

教学目标

1. 知识目标
(1) 了解国际集装箱运输货物集散与交接方式；
(2) 掌握国际集装箱多式联运涉及单证知识；
(3) 掌握国际集装箱多式联运码头及货运站知识。
2. 技能目标
(1) 掌握国际集装箱多式联运主要业务及单证；
(2) 掌握国际集装箱多式联运码头及货运站业务。

案例导入

北京某出口商 A 公司与美国某进口商 B 公司签订了一份货物买卖合同。该批货物为大批服装，拟用集装箱运输，从北京运至纽约。全程运输将分为三个区段，首先是从北京至天津的公路运输，其次是天津到旧金山的国际海运，最后是从旧金山到纽约的铁路运输。合同规定由 A 公司安排该批货物的出运。在传统的运输方式下，这一运输过程将由多个承运人采用接力的方式分段完成。A 公司只能通过与各段承运人分别订立运输合同才能最终实现货物的全程运输。之后 A 公司在市场上发现有一 C 公司，承诺可以接受 A 公司委托完成各项工作，并且只需要订立一份运输合同，一次性收取包干运费，使用一票提单结汇。

引导思路

(1) 本案当中，如果 A 公司委托 C 公司出运货物，整个多式联运业务如何展开？集装箱货物应该如何集散与交接？
(2) 整个业务流程当中涉及哪些单证？
(3) C 公司签发给 A 公司的提单和集装箱运输提单以及各区段单证有怎样的区别？应该如何理解集装箱多式联运提单的性质？
(4) 集装箱多式联运业务会涉及货运站和堆场业务，应该如何开展？

项目一　国际集装箱运输货物集散与交接方式

教学要点

（1）明确集装箱货物的集散形式；
（2）明确集装箱货物的交接方式。

教学方法

可采用讲授、情景教学、案例教学和分组讨论等方法。

1. 情境设置

王同学毕业后，进入一家具有多式联运经营人资质的航运企业进行操作实习。某日他分别接到了两票集装箱货物托运书：一票货物为集装箱整箱货出口运输，北京到亚特兰大，交接条款为 CY TO CFS；一票货物为集装箱拼箱货出口运输，西安到亚特兰大，交接条款为 CFS TO CFS。现在王同学可以确定的是，这两票货物都属于多式联运，但是对于什么是整箱货，什么是拼箱货，在国际集装箱多式联运下各自的出口流转程序和相关业务王同学并不了解。同时，对于 CY TO CFS 和 CFS TO CFS 这样的术语王同学也是一头雾水。

想一想

- （1）什么是整箱货？什么是拼箱货？各自应如何流转？
- （2）集装箱货物的交接地点有哪些？CY TO DOOR 是什么含义？

2. 技能训练目标

掌握集装箱货物的集散形式与交接方式。

3. 相关理论知识

1）集装箱货物的集散形式

集装箱货物的集散有两种形式：整箱货和拼箱货。

（1）整箱货[Full Container（cargo）Load，FCL]，是指由发货人负责装箱、计数、积载并加铅封的集装箱货物。整箱货的拆箱，一般由收货人办理。但也可以委托承运人在货运站拆箱。可是承运人不负责箱内的货损、货差。除非货方举证确属承运人责任事故的损害，承运人才负责赔偿。集装箱整箱货流转程序如图 3-1 所示。

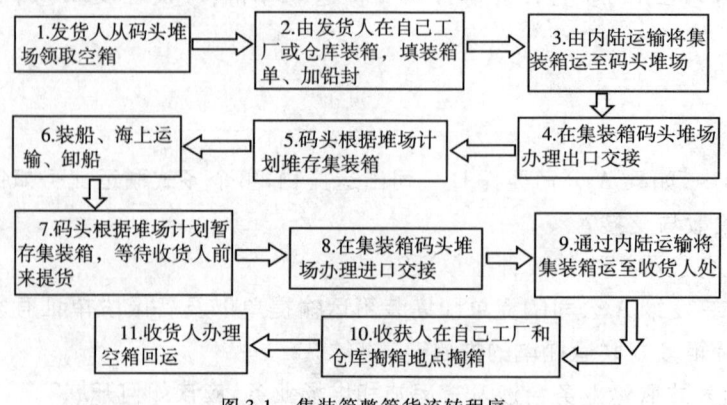

图 3-1　集装箱整箱货流转程序

（2）拼箱货(Less than Container (cargo) Load, LCL)，整箱货的相对用语,指装不满一整箱的小票货物。是指由承运人的集装箱货运站负责装箱和计数,填写装箱单,并加封志的集装箱货物。通常每一票货物的数量较少,因此装载拼箱货的集装箱内的货物会涉及多个发货人和多个收货人。对于这种货物,承运人要负担装箱与拆箱作业,装拆箱费用仍向货方收取。承运人对拼箱货的责任,基本上与传统杂货运输相同。集装箱拼箱货流转程序如图3-2所示。

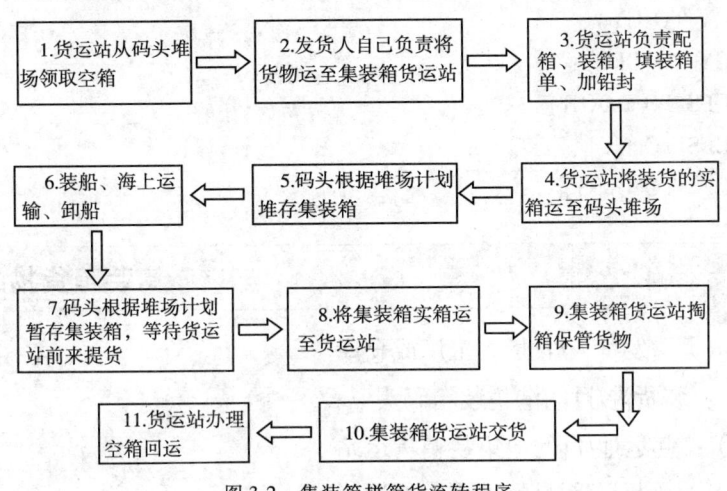

图3-2　集装箱拼箱货流转程序

（3）集装箱整箱货和拼箱货的主要区别参见表3-1。

集装箱整箱货和拼箱货的主要区别　　　　　　　　　　表3-1

项　　目	整　箱　货	拼　箱　货
货主数量	一个货主	多个货主
装箱人	货主	货运站、集拼经营人、承运人
制装箱单加封	货主	货运站
交接场所	门、场、钩	货运站
货物交接责任	只看箱子外表状况良好、关封良好即可交接	需查看货物的实际情况（如件数、外观、包装等）
提单上的不同	加注不知条款：如 ◆ SLCS (Shipper's Load and Count and Seal)货主装箱计数并加铅封 ◆ STC (Said to Contain)据称箱内装有 ◆ SBS (Said by Shipper)据货主称	加注不知条款无效

2）集装箱货物的交接方式

（1）按集装箱货物的交接形态分为4种,见表3-2。

集装箱货物的交接形态　　　　　　　　　　表3-2

序　　号	交　接　形　态
1	FCL/FCL：整箱交,整箱接
2	LCL/LCL：拼箱交,拆箱接
3	FCL/LCL：整箱交,拆箱接
4	LCL/FCL：拼箱交,整箱接

(2)按集装箱货物的交接地点分为16种,其中9种最常见:

①门到门(DOOR TO DOOR);

②门到场(DOOR TO CY);

③门到站(DOOR TO CFS);

④场到门(CY TO DOOR);

⑤场到场(CY TO CY);

⑥场到站(CY TO CFS);

⑦站到门(CFS TO DOOR);

⑧站到场(CFS TO CY);

⑨站到站(CFS TO CFS)。

知识窗　　　　　　　　　　　　　　　　　　集装箱货物的交接地点

门(DOOR):发货人/收货人工厂或仓库

场(CY):装货港/目的港集装箱码头

站(CFS):起运地/目的地集装箱货运站

钩(HOOK):起运港/目的港码头船边

(3)前两种交接方式结合的对比参见表3-3。

集装箱的交接方式(按集装箱货物的交接形态、交接地点划分)　　表3-3

出　口	进　口	交　接　方　式
FCL	FCL	DOOR TO DOOR, DOOR TO CY, CY TO DOOR, CY TO CY
FCL	LCL	DOOR TO CFS, CY TO CFS
LCL	LCL	CFS TO CFS
LCL	FCL	CFS TO DOOR, CFS TO CY

4. 技能训练

(1)准备。学生每5人为一个项目组,每个项目组讨论本部分内容的学习情境,讨论之后选出一名学生,按照正确的顺序排列整箱货、拼箱货出口流程板;课前准备整箱货、拼箱货出口流程板;教师现场指导,并适时打分记录。

(2)步骤。教师讲解本项目情景知识;各小组掌握相关知识;每组派一位代表通过排列整箱货、拼箱货出口流程板进行巩固;教师现场指导打分,并综合评价。

(3)注意事项。一丝不苟,认真分析;及时打分点评。

思考练习

1. 简述题

(1)什么是整箱货?

(2)整箱货不知条款有哪些?

(3)试列举集装箱货物交接方式。

(4)整箱货和拼箱货的交接流程有哪些区别?

(5)拼箱货的几种交接方式适用于什么场合?

2. 操作题

图 3-3 介绍拼箱货的交接流程,试分析图中①~⑤代表的含义。

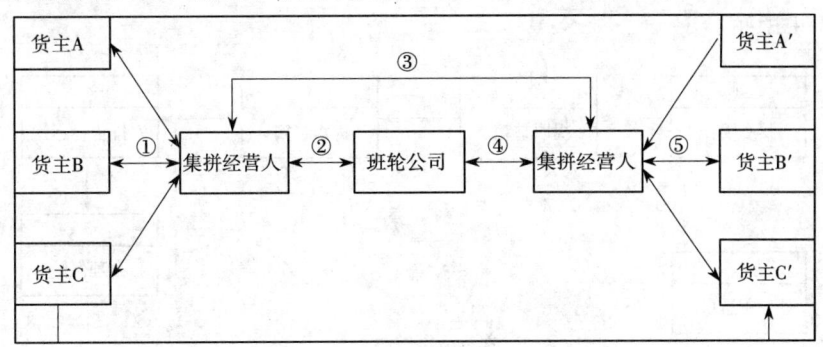

图 3-3 拼箱货的交接流程图

项目二 国际集装箱多式联运业务与单证

教学要点

（1）了解国际集装箱多式联运业务相关当事人；
（2）掌握国际集装箱多式联运基本业务和单证；
（3）掌握国际集装箱多式联运单证流转程序。

教学方法

可采用讲授、多媒体展示、案例教学和分组讨论等方法。

一、国际集装箱多式联运基本业务和单证

1. 情境设置

北京某出口商 A 公司与美国某进口商 B 公司签订了一份货物买卖合同。该批货物为大批服装,拟用集装箱运输,从北京运至纽约。全程运输将分为三个区段,首先是从北京至天津的公路运输,其次是天津到旧金山的国际海运,最后是从旧金山到纽约的铁路运输。合同规定由 A 公司安排该批货物的出运。在传统的运输方式下,这一运输过程将由多个承运人采用接力的方式分段完成。A 公司只能通过与各段承运人分别订立运输合同才能最终实现货物的全程运输。之后 A 公司在市场上发现有一 C 公司,承诺可以接受 A 公司委托完成各项工作,并且只需要订立一份运输合同,一次性收取包干运费,使用一票提单结汇。

想一想

- （1）国际集装箱多式联运的基本业务有哪些？
- （2）国际集装箱多式联运业务涉及哪些单证？

2. 技能训练目标

掌握国际集装箱多式联运基本业务和相关单证。

3. 相关理论知识

多式联运经营人是全程运输的组织者。在国际多式联运中,其主要业务及程序有多个环节,如图3-4所示。

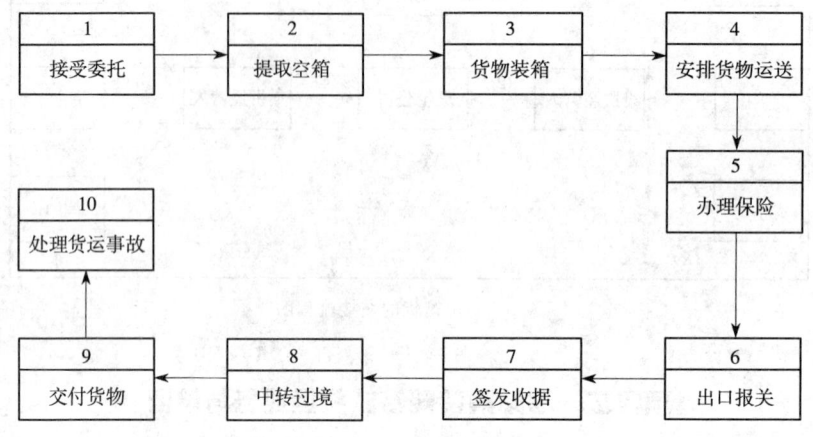

图3-4 多式联运业务流程

1)接受托运申请,订立多式联运合同

(1)托运申请程序

多式联运经营人接受托运后,双方议定有关事宜,在交给货主或其代理人的场站收据副本上签字,证明接受托运申请,多式联运合同成立并开始执行。发货人或其代理人根据双方货物的交接方式、时间、地点、付费方式等达成协议填写场站收据,并送至多式联运经营人处编号,编号后留下托运联,其余交给发货人或其代理人。

(2)场站收据单证

场站收据(Dock Receipt,D/R)是由发货人或其代理人编制,是承运人签发的,证明船公司已从发货人处接收了货物,并证明当时货物状态,船公司对货物开始负有责任的凭证,托运人据此向承运人或其代理人换取待装提单或装船提单。它相当于传统的托运单、装货单、收货单等一整套单据。

场站收据的流转程序如下(图3-5):

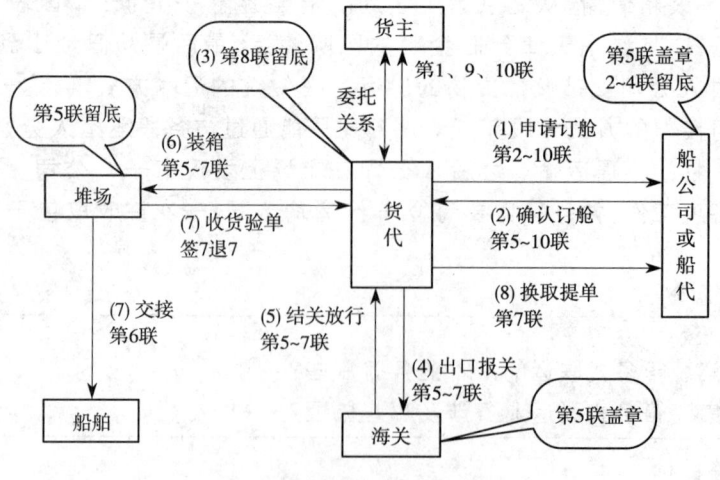

图3-5 场站收据流程图

知识窗 　　　　　　　　　　　场站收据（Dock Receipt, D/R）十联单

场站收据共有十联：

（1）第一联：货主留底；

（2）第二联：船代留底；

（3）第三联：运费通知（1）；

（4）第四联：运费通知（2）；

（5）第五联：装货单（Shipping Order）；

（6）第五联（附页）：缴纳出口货物港务费申请书；

（7）第六联（浅红色）：场站收据副本大副联；

（8）第七联（黄色）：场站收据（Dock Receipt）；

（9）第八联：货代留底；

（10）第九联：配舱回单（1）；

（11）第十联：配舱回单（2）。

①货运代理接受托运人的委托后填制一式十联场站收据,并将第 1 联(货主留底联)由货主留存以备查询,将其余 9 联送船公司或船代申请订舱。

②船公司或船代经审核确认接受订舱申请,确定船名航次、给每票货物一个提单号,将提单号填入 9 联单相应栏目,并在第 5 联(装货单联)加盖确认订舱章,然后留下 2～4 联,其余 5～10 联退还托运人或货代。

③货代留下第 8 联(货代留底联)用于编制货物流向单及作为留底以备查询。并将第 9 联[配舱回单(1)联]退给托运人作为缮制提单和其他货运单证的依据;如果由货代缮制单证,则不需退还给托运人。

④货代将第 5～7 联(已盖章的装货单联、缴纳出口货物港务费申请书联、场站收据副本大副联、场站收据正本联)随同报关单和其他出口报关用的单证向海关办理货物出口报关手续。

⑤海关接受报关申报后,经过查验合格、征关税后对申报货物进行放行,在第 5 联(装货单联)上加盖海关放行章,并将 5～7 联退还给货代。

⑥货代将退回的 5～7 联及第 10 联[配舱回单(2)联]随同集装箱或待装货物送装箱地点(货主指定地方、CY 或 CFS)装箱。

⑦CY 或 CFS 查验集装箱或货物后,先查验第 5 联的海关放行章,再检查进场货物的内容、箱数、货物总件数是否与单证相符。若无异常情况则在第 7 联(场站收据正本联)上加批实收箱数并签字、加盖场站收据签证章,在第 10 联[配舱回单(2)联]上签章;如实际收到的集装箱货物与单证不符,则需在第 5 联、第 10 联上作批注,并将其退还货代或货主,而货代或货主则须根据批注修改已缮制的提单等单证。场站留下第 5、6 联:第 5 联(装货单联)归档保存以备查询;第 5 联附页用来向托运人或货代结算费用;第 6 联(大副收据联)连同配载图应及时转交理货部门,由理货员在装船完毕后交船上大副留底。第 7 联(场站收据正本联)应退回托运人或货代。

⑧托运人或货代拿到第 7 联(场站收据正本联),并凭此要求船代签发正本提单(装船前可签发收货待运提单,装船后可签发已装船提单)。

场站收据副本如图 3-6 所示。

Shipper (发货人)		D/R No. (编号)	

Consignee (收货人)

场站收据副本
大副联
第六联

COPY OF DOCK RECEIPT

(FOR CHIEF OFFICER)

Received by the Carrier the Total number of containers or other packages or units stated below to be transported subject to the terms and conditions of the Carrier's regular form of Bill of Loading (for combined Transport or Port to Port Shipment)Which shall be deemed to be incorporated herein.
Date （日期）：

Notify Party (通知人)

Pre-carriage by (前程运输)	Place of Receipt (收货地点)	
Ocean Vessel (船名) Voy. No. (航次)	Port of Loading (装货港)	
Port of Discharge (卸货港)	Place of Delivery (交货地点)	Final Destination for the Merchant's Reference (目的地)

Container No. (集装箱号)	Seal No. (封志号) Marks & Nos. (标记与号码)	No of containers or p'kgs. (箱数或件数)	King of Package: Description of Goods (包装种类与货名)	Gross Weight 毛重(公斤)	Measurement 尺码(立方米)

TOTAL NUMBER OF CONTAINERS OR PACKAGES (IN WORDS) 集装箱数或件数合计(大写)	

Container No. (箱号)	Seal No. (封志号)	Pkgs. (件数)	Container No. (箱号)	Seal No. (封志号)	Pkgs. (件数)

Received (实收)　　By Terminal clerk (场站员签字)

FREIGHT & CHARGES	Prepaid at (预付地点)	Payable at (到付地点)	Place of Issue (签发地点)
	Total Prepaid (预付总额)	No. of Original B(s) /L (正本提单份数)	BOOKING (订舱确认)

Service Type on Receiving　　Service Type on Delivery　　Reefer Temperature Required (冷藏温度)
☐ CY　☐ CFS　☐ DOOR　☐ CY　☐ CFS　☐ DOOR　　℉　　℃

TYPE OF GOODS (种类)	☐ Ordinary. (普通)	☐ Reefer. (冷藏)	☐ Dangerous. (危险)	☐ Auto. (裸装车辆)	危险品	Class: Property: IMDG Code Page: UN No.
	☐ Liquid. (液体)	☐ Live Animal. (活动物)	☐ Bulk. (散货)			

图 3-6　场站收据副本

2) 空箱的发放、提取及运送

(1) 集装箱设备使用程序(图 3-7)

多式联运中使用的集装箱一般应由经营人提供。集装箱来源有三个：一是多式联运经营人自己购置的；一是租箱公司租用的；一是由全程运输的分承运人提供。

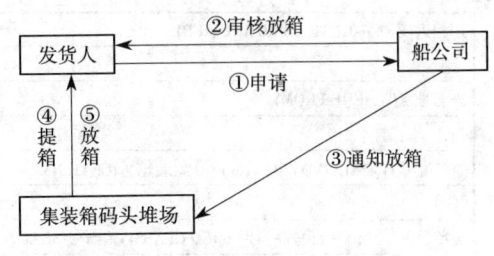

图 3-7 集装箱设备使用程序

如果双方协议由发货人装箱,则多式联运经营人应该签发提箱单或者把租箱公司或者把分运人签发的提箱单交给发货人或其代理人由其自己提箱,并在规定的时间内装箱。提箱时必须出具提箱单,并由双方代表在设备交接单上签字,办理交接手续。如果拼箱或是整箱但无装货条件,则由多式联运经营人将空箱调至接收货物的装箱货运站场,做好装箱准备。

在多式联运中使用集装箱,涉及的单证是空箱提交单、集装箱设备交接单。

(2) 空箱提交单(Equipment Dispatch Order)

空箱提交单又称集装箱发放通知单(Container Release Order),俗称提箱单,是船公司或其代理人指示集装箱堆场将空集装箱及其他设备提交给本单持有人的书面凭证。

集装箱的空箱提交单一式 3 份,发货人或其代理人凭订舱委托书,接受订舱委托后,由船公司或其代理人签发,除自留一联备查外,发货人或其代理人和存箱的集装箱堆场或空箱储存场各执一联。

(3) 集装箱设备交接单(Equipment Interchange Receipt,图 3-8)

集装箱设备交接单简称设备交接单(Equipment Receipt,E/R),是进出港区、场站时,用箱人、运箱人与管箱人或其代理人之间交接集装箱和特殊集装箱及其设备的凭证;是拥有和管理集装箱的船公司或其代理人与利用集装箱运输的陆运人签订有关设备交接基本条件的协议(Equipment Interchange Agreement)。

设备交接单分出场(港)设备交接单和进场(港)设备交接单两种,各有三联,分别为管箱单位(船公司或其代理人)留底联,码头、堆场联,用箱人、运箱人联。

设备交接单的流转过程如图 3-9 所示。

① 由管箱单位填制设备交接单的用箱人、运箱人、船名、航次等。

② 由用箱人、运箱人到码头、堆场提箱送收箱地(或到发箱地提箱送码头、堆场),经办人员对照设备交接单,检查集装箱的箱体后,双方签字,码头、堆场留下管箱单位联和码头堆场联(共两联),将用箱人、运箱人联退还给用箱人、运箱人。

③ 码头、堆场将留下的管箱人联退还给管箱单位。

3) 货物装箱及接收货物

(1) 货物的装箱程序

若发货人自己在仓库或工厂装箱时,装箱一般在报关后进行并请海关到装箱点监督。若发货人不具备装箱的条件,可以委托多式联运经营人或货运站装箱,发货人应把货物运至指定的货运站。若是拼箱货物,发货人应把货物运至指定的货运站,由多式联运经营人指示装箱。

(2) 集装箱装箱单(Container Load Plan,图 3-10)

集装箱设备交接单
EQUIPMENT INTERCHANGE RECEIPT

OUT 进场

No.

用箱人/运箱人(CNTR.USER/HAULIER)				提箱地点(PLACE OF DELIVERY)	
来自地点(WHERE FROM)			返回/收箱点(PLACE OF RETURN)		
船名/航次(VESSEL/VOYAGE No.)	集装箱号(CNTR.No.)		尺寸/类型(SIZE/TYPE)	营运人(CNTR.OPTR)	
提单号(B/L No.)	危品类别(IMCO CLASS)	铅封号(SEAL No.)	免费期限(FREE TIME PERIOD)	运载工具牌号(TRUCK WAGON BARGE No.)	
货重(CARGO W.)	出场目的/状态(PPS OF GATE-OUT/STATUS)		进场目的/状态(PPS OF GATE-IN/STATUS)	进场日期(TIME-IN) 月 日 时	

进场检查记录(INSPECTION AT THE TIME OF INTERCHANGE)

普通集装箱(GP.CNTR.)	冷藏集装箱(RF.CNTR.)	特种集装箱(SPL.CNTR.)	发电机(GEN.SET)
□ 正常(SOUND)	□ 正常(SOUND) 设定温度(SET) ℃	□ 正常(SOUND)	□ 正常(SOUND)
□ 异常(DEFECTIVE)	□ 异常(DEFECTIVE)记录温度(RECORDED)	□ 异常(DEFECTIVE)	□ 异常(DEFECTIVE)

(1) 箱管单位留底

损坏记录及代号(DAMAGE&CODE)

BR	D	M	DR	DL
破损(BROKEN)	凹损(DENT)	丢失(MISSING)	污箱(DIRTY)	危标(DGLABEL)

如有异状,请注明程度及尺寸(REMARK)

除列明者外,集装箱设备交接时完好无损,铅封完整无误。
CONTAINER EQUIPMENT INTERCHANGED IN SOUND CONDITION AND SEAL INTACT UNLESS OTHERWISE STATED

用箱人/运箱人签署　　　　　　　　　　　　码头/堆场值班员签署
(CONTAINER USER/HAULIER'S SIGNATURE)　　(TERMINAL/DEPOT CLERK'S SIGNATURE)

_____年_____月_____日　　　　　　　　　　_____年_____月_____日

图 3-8　集装箱设备交接单

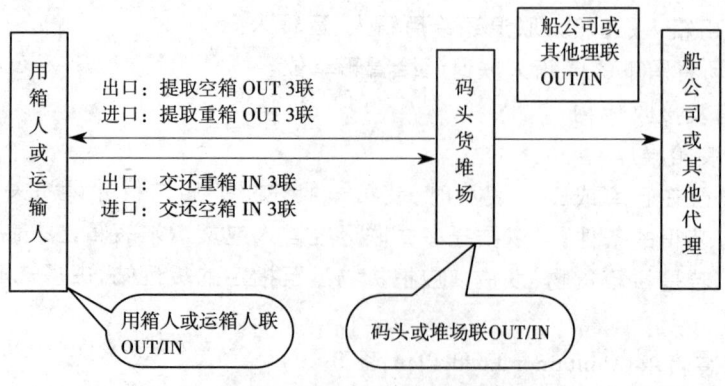

图 3-9　设备交接单的流转过程

集装箱装箱单是详细记载每一个集装箱内所装货物名称、数量、尺码、重量、标志和箱内货物积载情况的单证,对于特殊货物还应加注特定要求,比如对冷藏货物要注明对箱内温度的要求等。它是集装箱运输的辅助货物舱单,其用途很广。

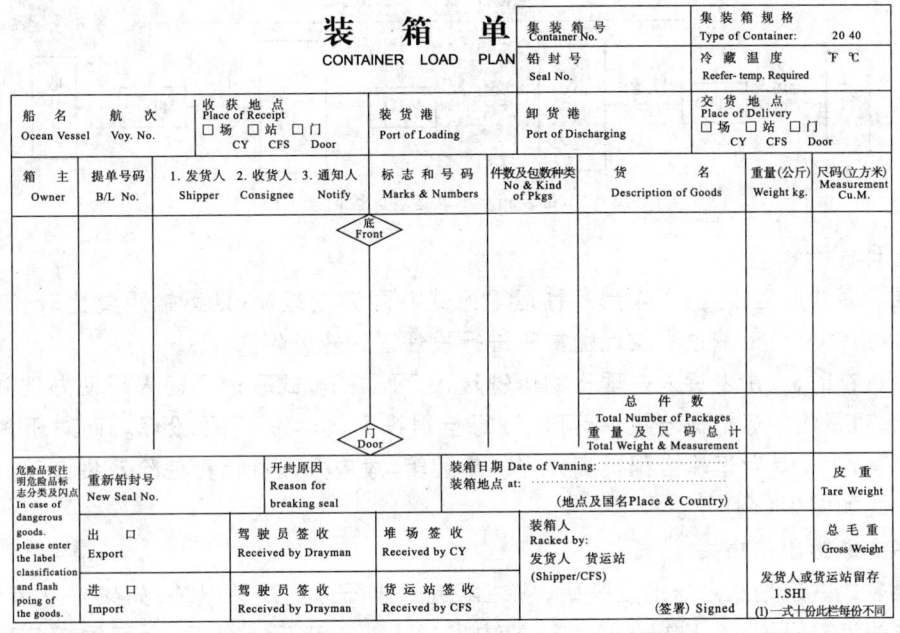

图3-10 集装箱装箱单

集装箱装箱单每一个集装箱一份,一式五联,其中:码头、船代、承运人各一联,发货人、装箱人两联。集装箱货运站装箱时由装箱的货运站缮制;由发货人装箱时,由发货人或其代理人的装箱货运站缮制。

发货人或货运站将货物装箱,缮制装箱单一式五联后,连同装箱货物一起送至集装箱堆场。集装箱堆场的业务人员在五联单上签收后,留下码头联、船代联和承运人联,将发货人、装箱人联退还给送交集装箱的发货人或集装箱货运站。发货人或集装箱货运站联除自留一份备查外,将另一份寄交给收货人或卸箱港的集装箱货运站,供拆箱时使用。

对于集装箱堆场留下的三联装箱单,除集装箱堆场自留码头联,据此编制装船计划外,还须将船代联及承运人联分送船舶代理人和船公司,据此缮制积载计划和处理货运事故。集装箱装箱单的内容记载得准确与否,与集装箱货物运输的安全有着非常密切的关系。

集装箱装箱单流转程序如图3-11所示。

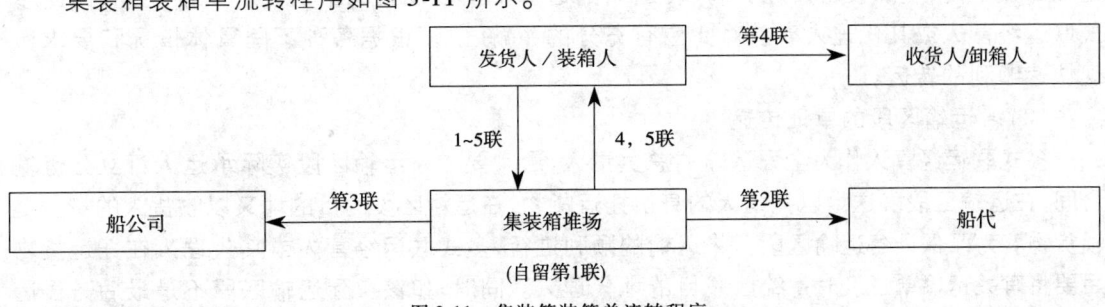

图3-11 集装箱装箱单流转程序

4）订舱及安排货物运输

经营人在合同订立后,应制作运输计划,包括:货物的运输路线,区段的划分,各区段实际的承运人以及衔接的地点和时间等。集装箱多式联运各区段衔接工作如图3-12所示。

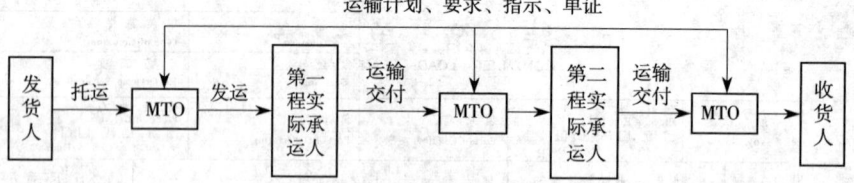

图3-12 集装箱多式联运各区段衔接工作

5）办理保险

在国际多式联运中,由于采用多种运输方式共同完成运输,且运输距离比较长,风险比较大,所以应对整个运输过程及运输货物进行投保以转嫁风险。

托运货物时,应由发货人办理货物运输险,也可委托多式联运经营人帮助办理并承担相应的费用,对货物的运输保险投保,可以进行全程投保,也可以分段投保。而对于多式联运经营人而言,由于其对运输全程负责并提供集装箱,故应办理货物责任险及集装箱保险。保险单据样式如图3-13所示。

6）多式联运出口报关

如果多式联运是从内陆地区开始,应在附近的内陆地区海关报关;如果是从港口开始,则在相应的港口报关,出口报关事宜一般由发货人或其代理人办理,也可委托多式联运经营人代为办理(这种情况下加收报关手续费,并由发货人负责海关派员所产生的全部费用)。

报关时要提供场站收据、发票、装箱单、出口许可证等单证。

出口货物报关单样式如图3-14所示。

7）签发多式联运提单,组织完成货物的全程运输

多式联运经营人在收取托运人的货物后,应该向发货人签发多式联运提单,提单上注明货物的名称、数量等相关内容,证明多式联运经营人已经接管货物,并开始对货物负责;同时根据双方订立合同的议定内容向发货人收取全部应付费用。多式联运经营人在签发提单后,及时组织和协调各区段承运人进行货物的运输、衔接工作,并及时处理与货物相关的各种单据、文件等信息。

全程运输的协调管理包括:

（1）不同运输方式之间的转运

国际多式联运不同运输方式之间的转运衔接,是保证运输连贯性、及时性的关键。由于运输工具不同、装卸设备设施不同、转运点的选择不同以及各国的规定和标准不同,因此多式联运经营人或其代理人事前对此应有充分的了解,以便根据各种不同具体情况和要求实现快速顺利的转运。

（2）各运输区段的单证传递

多式联运经营人作为全程运输的总负责人,通常要与各运输区段实际承运人订立分运输合同,在运输区段发送地以托运人的身份托运货物,在运输区段的目的地又以收货人的身份提领货物。为了保证各运输区段货物运输的顺利进行,多式联运经营人或其代理人在托运货物后要将有关运输单证及时寄给区段目的地代理人。同时,如该实际运输区段不是最后一程运输,多式联运经营人的代理人在做好接货准备的同时,还要做好下一程运输的托运准备。

PICC 中国人民财产保险股份有限公司
PICC Property and Casualty Company Limited

总公司设于北京　　一九四九年创立
Head Office: BEIJING　　Established in 1949

货物运输保险单 CARGO TRANSPORTATION INSURANCE POLICY

发票号码：　　　　　　　　　　　　　　保险单号次：
INVOICE NO.　　　　　　　　　　　　　POLICY NO. PYIE20043201930000146

被保险人：
(INSURED)

中国人民财产保险股份有限公司（以下简称本公司）要求，以被保险人向本公司缴付约定的保险费为对价，按照本保险单列明条款承保下述货物运输保险，特订立本保险单。

THIS POLICY OF INSURANCE WITNESSES THAT PICC PROPERTY AND CASUALTY COMPANY LIMITEN(HEREINAFTER CALLEN □THE COMPANY□)AT THE REQUEST OF THE INSURED AND IN CONSIDERATION OF THE AGREED PREMIUM PAID TO THE COMPANY BY THE INSURED UNDERTAKES TO INSURE THE UNDERMENTIONED GOODS IN TRANSPORATION SUBJECT TO THE CONDITIONS OF THIS POLICY AS PER THE CLAUSES PRINTED BELOW.

标 记 Marks & Nos.	包装及数量 Quantity	保险货物项目 Description of Goods	保险金额 Amount Insured

总保险金额：
TOTAL AMOUNT INSURED:

保费　　　　　　　启运日期　　　　　　　　　　装载运输工具
PREMIUM: _____　DATE OF CMMENCEMENT: _____　PER CONVEYANCE : _____

自：　　　　　　　至：
FROM: _____　　　TO: _____

CONDITIONS:

所保货物如发生保险单项下可能引起索赔的损失，应立即通知本公司或下述代理人查勘。如有索赔，应向本公司提交正本保险单（本保险单共有 _____ 份正本）及有关证件。如一份正本已用于索赔，其余正本自动失效。

IN THE EVENT OF LOSS OR DAMANGE WHICH MAY RESULT IN A CLAIM UNDER THIS POLICY,IMMED IATENOTICE MUST BE GIVEN TO THE COMPANY OR AGENT AS MENTIONED. CLAIMS, IF ANY, ONE OF THE ORIGINAL POLICY WHICH HAS BEEN ISSUEN IN _____ ORGINALS TO GETHER WITH THE RELEVANT DOCUMENTS SHALL BE SURRENDERED TO THE COMPANY.IF ONE OF THE ORIGINAL POLICY HAS BEEN ACCOMPLSHED, THE OTHERS TO BEVOID
SURVEY TO BE CARRIED OUT BY ALOCAL COMPETENTSURVEYOR. CLAIM DOCUMENTS TO BE MAILED TO THE UNDERWRITER.ERSHALL EFFECTPAYMENT BY REMITTANCE TO THE CLAIMANT.

LIBERTY MUTUAL INSURANCE COMPANY
NEW YORK　TEL212-333-6666

中国人民财产保险股份有限公司南京市分公司
PICC Property and Casualty Company Limited
Nanjing Branch

赔款偿付地点：
CLAIM PAYABLEAT _____

日期：
DATE: _____

Authorized Signature

地址：　南京市石鼓路 25 号　　　　　　电话(TEL)：0086-25-86521049
ADD:　　No.25 #　Shi Gu Road, Nanjing, China　传真(FAX)：0086-25-84404593
邮编（POST CODE）：210029　　　　　　电子信箱(E-MAIL)：

图 3-13　保险单据样式

中华人民共和国海关出口货物报关单

预录入编号：　　　　　　　　　海关编号：

出口口岸		备案号		出口日期		申报日期	
经营单位		运输方式		运输工具名称		提运单号	
发货单位		贸易方式		征免性质		结汇方式	
许可证号		运抵国（地区）		指运港		境内货源地	
批准文号		成交方式		运费		保费	杂费
合同协议号		件数		包装种类		毛重（公斤）	净重（公斤）
集装箱号		随附单据				生产厂家	
标记唛码及备注							

项号	商品编号	商品名称、规格型号	数量及单位	最终目的国（地区）	单价	总价	币制	征免

税费征收情况

录入员　　录入单位	兹声明以上申报无讹并承担法律责任	海关审单批注及放行日期（签章）	
报关员		审单	审价
单位地址	申报单位（签章）	征税	统计
邮编　　　电话	填制日期	查验	放行

图 3-14　出口货物报关单样式

（3）货物的跟踪

为了保证货物在多式联运全程运输中的安全，多式联运经营人要及时跟踪货物的运输状况，例如通过电报、电传、EDI、Internet 网在各结点的代理人之间传递货物信息，必要时还可通过 GPS 进行实时控制。

8）办理通关结关手续

在国际多式联运的全程运输中，货物的通关手续以及结关手续非常重要。

货物的通关主要包括集装箱进口国的通关手续、进口国内陆的保税手续等内容。如果在货物的多式联运过程中还需要通过第三国，则应该办理第三国的国家海关和内陆保税等手续。由于在运输过程中产生的各种通关保税费用均由发货人或收货人承担，一般由多式联运经营人代为办理，也可以由多式联运经营人委托各区段的实际承运人作为多式联运经营人的代表进行办理。

9）货物交付

（1）货物交付手续

货物在运抵目的地后，由国际多式联运经营人在当地的分支机构或其代理人向收货人发出通知，收货人在规定的时间内凭多式联运提单到指定地点提货；同时多式联运经营人按照合同收取收货人全部应付费用，并收回多式联运提单，签发提货单。提货单的签发，证明了持单人的提货权，提货人在指定堆场凭提货单提取货物。提货后负责将集装箱运回指定堆场，整个多式联运合同完成。

（2）交货记录（Delivery Record）

交货记录共五联：到货通知书一联、提货单一联、费用账单二联、交货记录一联。流转程序如下：

①在船舶抵港前，由船舶代理根据装货港航寄或传真得到舱单或提单副本后，制作交货记录一式五联；

②在集装箱卸船并做好交货准备后，由船舶代理向收货人或其代理人发出到货通知书；

③收货人凭正本提单和到货通知书向船舶代理换取提货单、费用账单、交货记录共四联，对运费到付的进口货物结清费用，船舶代理核对正本提单后，在提货单上盖专用章；

④收货人持提货单、费用账单、交货记录共四联随同进口货物报关单一起送海关报关，海关核准后，在提货单上盖放行章，收货人持上述四联送场站业务员；

⑤场站核单后，留下提货单联作为放货依据，费用账单由场站凭此结算费用，交货记录由场站盖章后退收货人；

⑥收货人凭交货记录提货，提货完毕时，交货记录由收货人签收后交场站留存。

10）货运事故处理

如果货物在多式联运的全程运输中，发生了货差货损以及延误所造成的损失等事故时，无论造成损失的区段是何种区段，发货人或收货人均有权向国际多式联运经营人提出索赔，由多式联运承运人根据双方合同以及多式联运提单条款确定责任形式并进行处理和赔偿；如果货物也已经向保险公司投保，则需要由受损人和多式联运经营人共同协商并向保险公司进行索赔，要求保险公司进行赔偿。

4. 技能训练

（1）准备。学生每 5 人为一个项目组，每个项目组选一名项目经理；PPT 案例展示，由学生陈述业务流程及相关单证;教师现场指导。

（2）步骤。各组运用所学理论知识,分析案例;以组为单位完成案例分析;每组派一位代表陈述结果。

（3）注意事项。一丝不苟,认真分析;及时打分点评。

二、国际集装箱多式联运单证系统及流转程序

1. 以海运为核心的集装箱多式联运单证系统

以海运为核心的国际集装箱多式联运业务涉及一整套单证,可以称之为单证系统,如图3-15所示。

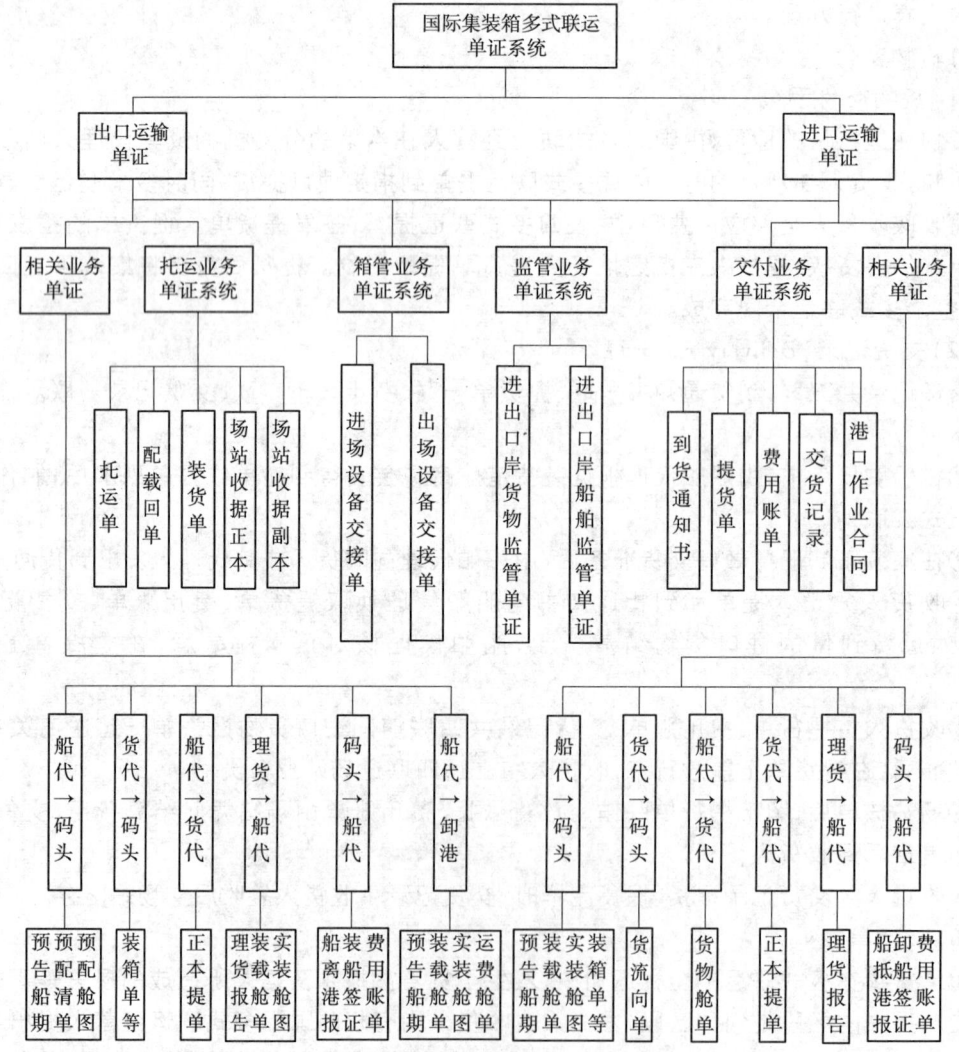

图3-15 以海运为核心的集装箱多式联运单证系统

2. 以海运为核心的集装箱多式联运进出口单证流转程序（图3-16、图3-17）

国际多式联运单证系统由国际多式联运经营人与货主(托运人、收货人)之间流转的单证和国际多式联运经营人与各区段实际承运人之间流转的单证两部分组成。

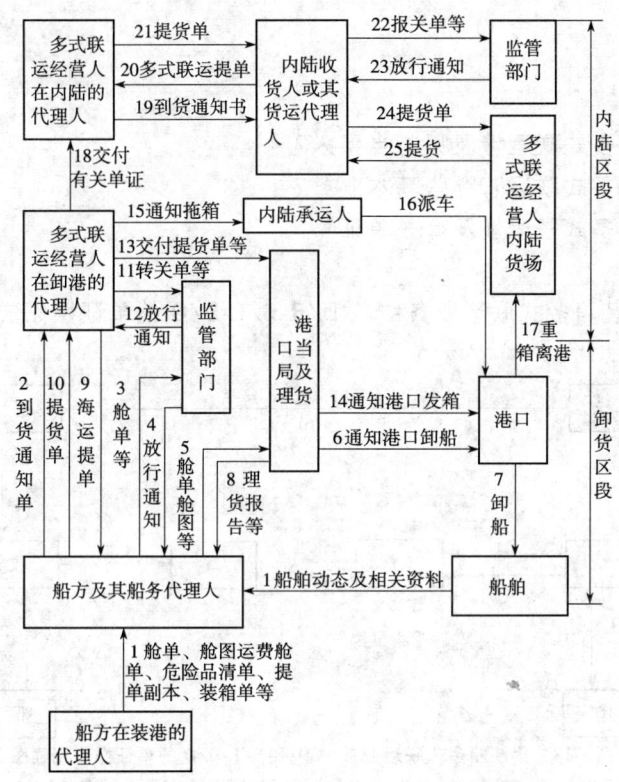

图 3-16 国际集装箱多式联运进口单证流转示意图

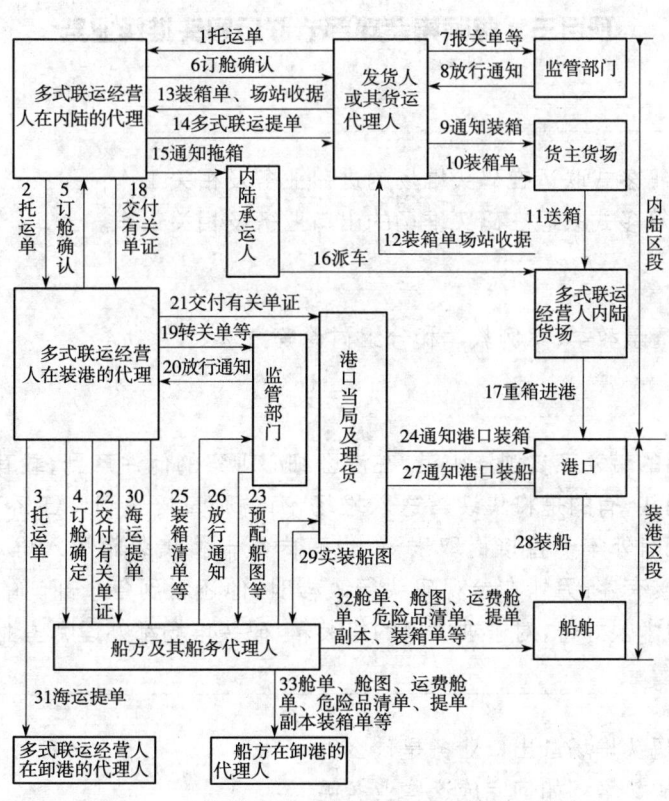

图 3-17 国际集装箱多式联运出口单证流转示意图

思考练习

1. 简述题

（1）国际集装箱多式联运涉及哪些当事人？

（2）国际集装箱多式联运有哪些基本业务？

（3）国际集装箱多式联运涉及哪些单证？

2. 操作题

图 3-18 描述集装箱多式联运业务中从 D/R-B/L-D/O 的单证操作流程，试分析图3-18中①～⑩代表的含义。

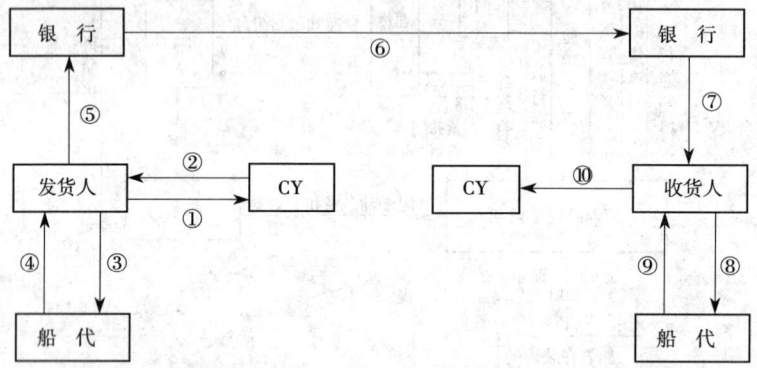

图 3-18 集装箱多式联运业务中 D/R-B/L-D/O 的单证操作流程图

项目三 国际集装箱多式联运码头堆场业务

教学要点

（1）明确集装箱多式联运在码头堆场的进口业务及相关工作；

（2）明确集装箱多式联运在码头堆场的出口业务及相关工作。

教学方法

可采用讲授、情景教学、案例教学和分组讨论等方法。

1. 情境设置

王同学在老师的带领下参观洋山港，在港区细心观察的他注意到，载有出口集装箱的集卡陆陆续续进入码头，有的是将集装箱送入堆场，有的则直接送到装卸桥下面等待装船，而进口集装箱同样也有外集卡直接提取出港，也有内集卡将集装箱放入堆场，但不管哪种情况，各项工作都衔接有序；另外在参观码头行政楼时，他还看到各个部门的工作人员都在不停地忙碌着。王同学很好奇，对于进出口的集装箱，码头堆场都办理哪些业务呢？

想一想

- （1）集装箱码头堆场进出口业务是什么？
- （2）集装箱码头堆场如何完成这些业务呢？

2. 技能训练目标

掌握集装箱多式联运码头堆场的进出口业务及相关工作。

3. 相关理论知识

集装箱码头堆场的主要业务工作是办理集装箱的装卸、转运、拆箱、收发、交接、保管、堆存、捆扎、搞载、搬运以及承揽货源,还应办理集装箱的修理、冲洗、熏蒸,有关衡量等工作。

1)码头堆场的出口业务

(1)发放空箱

集装箱运输中使用的集装箱,除极少数是货主自有外,绝大多数是属于船公司或集装箱租赁公司所有,船公司或集装箱租赁公司不可能在世界各地都设有堆场堆存和管理这些集装箱。它们的集装箱一般通过委托关系存放在各码头和内陆场站的堆场上,而堆场则作为集装箱代理人对存放的集装箱行驶管理权。

(2)制订堆场作业计划、船舶积载图与装船计划

堆场作业计划是对集装箱在堆场内进行装卸、搬运、储存、保管的安排。为了能在最短的时间内完成装船工作,码头堆场应在船舶到港受载前,根据订舱单、先后到港的卸箱次序,制订船舶的积载图和装船计划。

堆场作业计划主要内容有:

① 确定空箱、重箱的堆放位置和堆高层数;

② 装船的集装箱应按先后到港顺序、集装箱的种类、载重的轻重分别堆放;

③ 同一货主的集装箱应尽量堆放在一起。

(3)接收重箱

发货人或集装箱货运站将已装箱的集装箱货物运至码头堆场时,堆场大门要对其核对订舱单、场站收据、装箱单、出口许可证、设备交接单等单据,检查集装箱数量、号码、铅封号等是否与场站收据记载相一致。箱子的外表状况,以及铅封有无异常情况,如发现有异常,门卫则应在码头收据栏内注明,如异常情况严重,会影响装卸、运输的安全,应与有关方联系决定是否接收货物。

(4)组织装船

集装箱货物出口装船一般是由码头堆场装卸部门组织实施的,在装船过程中,堆场装卸部门的主要业务工作如图3-19所示。

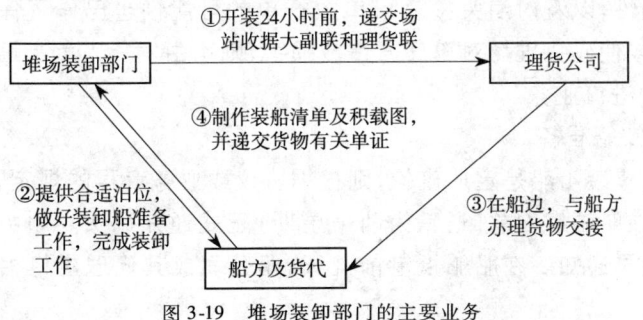

图3-19 堆场装卸部门的主要业务

(5)对特殊集装箱的处理

对堆存在场内的冷藏集装箱应及时接通电源,每天还应定时检查冷藏集装箱冷冻机的工作情况是否正常,箱内温度是否保持在要求限度内,在装卸和出入场内时,应及时解除电源。

对于危险集装箱,应根据可暂时存放和不能暂时存放两种情况分别处理。能暂存的箱

子应堆放在有保护设施的场所,而且,堆放的箱子数量不能超过许可的限度。对于不能暂存的箱子应在装船预定时间,进场后即装上船舶。

2)集装箱码头堆场与有关当事人的关系

(1)与船公司的业务关系和有关规定

①收、发箱作业和其有关缮制设备交接单等工作;

②装、卸箱作业以及船边到堆场之间的箱子搬移、理箱作业,并将缮制的装、卸箱清单、积载图报送代理公司;

③接受装、拆箱交接货物的作业,缮制装箱单;

④堆存、捆扎、转运、冲洗、熏蒸、修理等事项。

船公司应提供的保障

(1)向码头确保船期正常,在船舶到港前一定时间(15~20天)提出预计抵港通知。如发生船期变更,或其他意外原因造成船期变化,应及时通知码头,在船舶到港前24小时以书面提供船舶到港时间;

(2)出口装船前10天提供货运资料;

(3)应及时提供积载图,以便正常作业。

码头应保证:

①根据船期表提供合适的泊位;

②船舶靠泊后,及时提供足够的劳力与机械设备,以保证船舶按时完成装卸;

③提供足够的场所,作为集装箱作业及堆存之用;

④适当掌握和注意船方设备,不违章作业。

(2)与发货人的业务关系和有关规定

如货物系由发货人自行负责装箱,码头堆场应根据公司或其代理人的通知向发货人提供空集装箱,并负责填制出场和进场设备交接单。

在由码头堆场负责统一报关的情况下,发货人应保证提供给码头堆场为办理海关手续的申报资料的正确性,以及对海关签发出口放行单的可能性也已作了保证。由于资料不正确致使码头堆场,或使码头堆场对第三方造成损害,则均由发货人负责赔偿。

3)码头堆场的进口业务

(1)集装箱的卸船准备

如来港靠泊的集装箱船是定期班轮,则根据协议或业务章程的规定,在一定时间内将船期计划告知码头,在船舶靠泊前(通常为两个星期)正式通知码头。如由于气候或其他原因未能按期到港应提早通知。在船舶抵港前几天,船公司或其代理应将相关单证送交码头业务部门。

码头堆场根据这些单证安排卸货准备,并制订出集装箱卸船计划、堆场计划、交货计划。

①集装箱卸船计划

为了缩短船舶在港时间,卸船与装船往往需要同时进行,卸船计划的制订就是为了能在最短的时间内使大量的集装箱能顺利地装上或卸下。

> **知识窗** 船公司应提供的单证
>
> ①货物舱单；　　　④集装箱装箱单；
> ②集装箱号码单；　⑤装船货物残损报告；
> ③积载图；　　　　⑥特殊货物表。

②集装箱堆存计划

集装箱若不能合理地安置在集装箱码头堆场内，除了会影响卸船计划的执行外，还会严重地影响交货计划的执行。因此码头堆场制订堆存计划时，应充分考虑卸船的集装箱数量、种类，以及向内地运输和交给收货人的数量，有条不紊地将集装箱卸下，并立即交给内陆运输的承运人或收货人。

③集装箱的交货计划

交货计划是为了使船上卸下的集装箱不积压在堆场内，并向最终目的地继续运输或直接交收货人所制订的计划。

（2）卸船与堆放

码头堆场根据制订的卸船计划从船上卸下集装箱后，并根据堆存计划堆放集装箱，应注意到：

①空箱与实箱应分开堆放；

②了解实箱内货物的详细情况；

③是否要安排中转运输；

④确定交货地点和交货日期。

（3）交货

从船上卸下的集装箱货，交货对象大致可分收货人、集装箱货运站、内陆承运人三种。根据不同的交货对象，交货时应办理的手续有：

①交给收货人

当收货人或其代理人前来提取装有货物的集装箱时，应出具船公司或其代理人签发的提货单，经核对无误后，码头堆场将集装箱交给收货人。交货时，码头堆场和收货人双方在交货记录上签字交接，如对所交接的货物有批注，应将该批注记入交货记录。交货记录是证明承运人责任终止的重要单证。

②交给集装箱货运站

如系拼箱货，则由集装箱货运站从码头堆场将集装箱货物运到货运站，并由其拆箱将货交收货人。一般情况下进行的集装箱货物交接，由码头堆场和货运站共同在集装箱装箱单上签字，作为货物交接的依据。如码头堆场和货运站是各自独立的，交接时应制作交货记录，并由双方签署，以明确对集装箱货物的责任关系。

③交给内陆承运人

如集装箱货物原封不动运往内地最终交货地点，码头堆场必须与船公司或其代理公司取得联系后，再把集装箱交给内陆承运人。在这种情况下，如海上承运人的责任终止于码头堆场，则以交货记录进行交接。如内陆承运人作为海上承运人的分包承运人，海上承运人则对全程运输负责，码头堆场和内陆承运人只需要办理内部交接手续，在集装箱货物运至最终交货地点后再办理交货记录。

(4) 有关费用收取

码头堆场在将集装箱货物交给收货人时,应查核该货物是否发生了保管费、再次搬运费,及箱子的使用是否超出了免费使用期,如已超出则应收取滞期费。在发生上述费用的情况下,码头堆场在收取了这些费用后,再交付集装箱货物。

(5) 制作交货报告与未交货报告

码头堆场在交货工作结束后,应根据实际情况制作交货报告送交船公司,作为日后船公司处理收货人提出的关于货物灭失或损坏的索赔。

如收货人一时未能前来提货,码头堆场则应制作未交货报告送交船公司,船公司据以催促收货人早日提货,如收货人仍不能前来提货,船公司可对货物采取必要措施。

4. 技能训练

(1) 教师讲解本项目基础知识。

(2) 学生每 5 人为一个项目组,小组成员角色有:码头、进口收货人、出口发货人、进口船公司、出口船公司;根据角色,模拟码头堆场进出口业务流程。

(3) 教师现场指导,综合评价,并适时打分。

(4) 训练时间安排:1 学时。

> 思考练习

1. 简答题

(1) 简述集装箱码头堆场的进口业务。

(2) 简述集装箱码头堆场的出口业务。

(3) 集装箱进出口业务中,集装箱码头堆场有哪些相关人?

2. 操作题

图 3-20 介绍集装箱码头的进出口业务流程,试分析图 3-20 中①~⑫代表的含义。

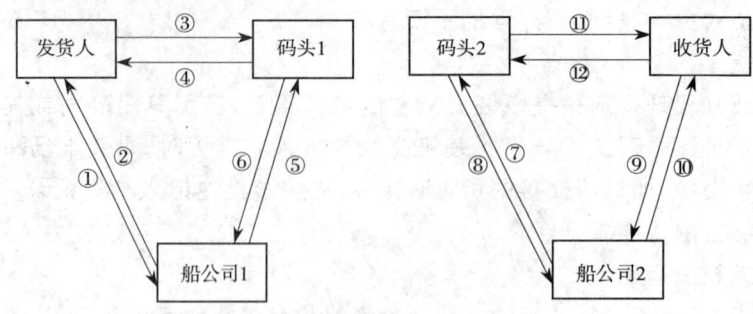

图 3-20　集装箱码头的进出口业务流程

项目四　国际集装箱多式联运货运站业务

> 教学要点

(1) 明确集装箱货运站的进口业务及相关工作;

(2) 明确集装箱货运站的出口业务及相关工作。

教学方法

可采用讲授、情景教学、案例教学和分组讨论等方法。

1. 情境设置

在对集装箱码头堆场的进出口业务有了详细了解后,王同学继续参观堆场附近的货运站。在那里,王同学看到了与堆场不一样的布局设计;另外集装箱货物的堆放情况也不尽相同。他把观察到的货运站里外的内容拍摄下来,如图 3-21 所示。你能解释这些情况吗?

图 3-21 集装箱货运站

想一想

- (1) 集装箱货运站具备什么样的特点?
- (2) 集装箱货运如何完成集装箱进出口业务呢?

2. 技能训练目标

掌握集装箱货运站的进出口业务及相关工作。

3. 相关理论知识

集装箱货运站是集装箱运输的产物。集装箱运输的主要特点之一就是船舶在港时间短,这就要求有足够的货源一旦在卸船完毕后,即可装满船开航。集装箱货运站的主要业务就是集、散货物,办理装、拆业务。

目前集装箱货运站主要有两种类型:分别是内陆港口型和货物集散型。内陆港口型的货运站主要设在港口以外,深入内陆主要工业城市集中的地方,将临近港口周围的货物预先集中,进行装箱。装箱完毕后再通过内陆运输将集装箱运至码头堆场,该种类型的货运站具有海陆联运的作用。货物集散型货运站同一般的集装箱货运站不同之处仅仅在距离港口的运程长短上有所区别,由于货物集散型货运站距港口较近,因此又称码头型货运站。

1) 集装箱货运站的出口业务

(1) 做好接收货物前的准备工作

根据船舶代理提供的订舱清单,计划所需空箱规格、种类和数量,码头货运站将上述信息通知船公司或其代理人,并联系堆场,提取空箱。

(2) 制订装箱作业计划

码头货运站应编制装箱作业计划,安排作业场地,联系发货人,使其按计划依次发货集港。

(3) 办理并接受托运人的出口拼箱货物交接

对照订舱单,清点货物件数,检查货物包装外表状况;如果有异状,则在场站收据相应栏中加以批注。遇有批注,则必须与船方联系,由船方决定是否接受装箱;同时还应审核出口许可证;全部核查无误后,即签发场站收据,交还给发货人。

(4)拼箱货装箱

应根据货物的积载因素和集装箱的箱容系数,尽可能充分利用集装箱的容积,并确保箱内货物安全无损。装箱时,由货运站、外轮理货、发货人、海关共同监装,外轮理货编制理货单证。

(5)制作装箱单

货运站在进行货物装箱时,应制作集装箱装箱单。装箱单的主要内容包括:船公司、船名、航次、装箱时间、装箱港、目的港、场站收据编号及备注等,制单应准确无误。

(6)将拼装的集装箱运至码头堆场

货运站装箱完毕后,在海关监管下,对集装箱加海关封志,并签发场站收据,同时应尽快联系码头堆场,将拼装的集装箱运至码头堆场,货运站与码头堆场办理交接手续。

2)集装箱货运站的进口业务

拼箱货由货运站从码头堆场领取后在货运站拆箱,并按提单分类,将货物交给前来提货的人。

集装箱货运站主要的进口货运业务有:

(1)做好交货准备工作

集装箱货运站在船舶到港前几天,从船公司或其代理人处取到下列单证:

①提单副本或场站收据副本;

②货物舱单;

③集装箱装箱单;

④装船货物残损报告;

⑤特殊货物表。

货运站根据上述单据做好拆箱交货准备工作。

(2)制订拆箱交货计划,发出交货通知

在确定了船舶进港时间和卸船计划后,货运站应与码头堆场联系决定提取拼箱时间,并制订出拆箱交货计划。集装箱船舶在港期间,货运站同时要进行拆箱交货、接货装箱的作业。为使拆箱的货物尽快让收货人提走,应对收货人发出交货日期的通知。该通知也是货运站计算集装箱保管费或再次搬移费用的依据。

(3)从码头堆场领取载货的集装箱

集装箱货运站在与码头堆场取得联系后,即从堆场领取载货的集装箱。在进行交接时,码头堆场与货运站在集装箱装箱单上签字。对出堆场的集装箱应办理设备交接手续,由堆场出具设备收据,双方共同签字。

(4)拆箱交货

集装箱货运站从堆场领取集装箱货后,即开始拆箱作业。在从箱内取出货物时,应按装箱单记载的末尾向前的顺序进行,因为箱内的货物是由装箱地按货物装箱的顺序记载的。拆箱后,应将空箱退还给码头堆场。

当收货人前来提货时,货运站则要求收货人出具船公司签发的提货单,在同提货单记载的内容与货物核对无误后,即可交货。交货时货运站与收货人应在交货记录上签字,如发现货物有异常,则应将这种情况记入交货记录的备注栏内。

这种交货记录与普通船货物运输下的船舶记录具有同样的性质,是交货完毕后的凭证,船公司对货物的责任以双方在交货记录上的签署为准。

(5) 收取有关费用

集装箱货运站在交付货物时,应查核该货物有无发生保管费和再次搬运费,如已发生,则应收取后再交付货物。

(6) 制作交货报告和未交货报告

集装箱货运站在交货工作结束时,应制作交货报告寄送船公司,船公司据以处理有关货物的损害赔偿责任。对未交货积压在货运站的货,则应制作未交货报告寄送船公司,船公司据以催促收货人迅速提货,如收货人在船公司催促后仍未前来提货,船公司可对货物采取必要的措施。

4. 技能训练

(1) 教师讲解本项目基础知识。

(2) 学生每 5 人为一个项目组,小组成员角色有:货运站、码头、进口收货人、出口发货人、船公司;根据角色,模拟集装箱货运站进出口业务流程。

(3) 教师现场指导,并综合评价,适时打分。

(4) 训练时间安排:1 学时。

思考练习

1. 简答题

(1) 简述集装箱货运站的进口业务。

(2) 简述集装箱货运站的出口业务。

2. 操作题

分别画出货运站与发货人、码头堆场、船公司及其代理的进口业务流程图、出口业务流程图。

任务四　国际多式联运单据业务

内容简介

本部分内容,重点要讲解的是国际多式联运单据的概念、特点和分类知识以及国际多式联运单据的缮制和操作业务。

教学目标

1. 知识目标
(1) 了解国际多式联运单据的概念、特点和分类;
(2) 掌握国际多式联运单据基本知识。
2. 技能目标
(1) 熟悉国际多式联运单据缮制业务;
(2) 熟悉国际多式联运单据操作业务。

案例导入

沈阳 A 公司与新加坡 B 公司签订销货合同,约定按 CIF 价采用陆海联运方式从沈阳经汽车运输运至大连经海运出口至新加坡,并规定可以签发凭指示的多式联运提单。货运代理 C 接受委托后,以自己的名义分别向汽车承运人和海上承运人办理托运和定舱事宜。货物装上汽车后,货运代理 A 因无自己的多式联运提单,则委托另一家货运代理 D 向沈阳公司签发了多式联运提单,并向其收取了全程包干运费。

引导思路

(1) 本案当中,货运代理 C、货运代理 D 的性质以及应承担的责任是什么?
(2) 谁负责安排租车定舱——沈阳 A 公司还是新加坡 B 公司? 他们在选择多式联运经营人时应考虑哪些因素?
(3) 什么是凭指示的多式联运提单? 多式联运提单有哪些分类?
(4) 此案涉及的多式联运提单、公路运单、海运提单在当事人栏和运输栏上应如何缮制?
(5) 多式联运提单在整个运输过程当中怎样流转?

项目一　国际多式联运单据概念的认知

教学要点

(1) 明确国际多式联运单据的概念和特点;
(2) 明确国际多式联运单据的分类;
(3) 明确国际多式联运单据与集装箱运输提单的联系。

教学方法

可采用讲授、情景教学、案例教学和分组讨论等方法。

1. 情境设置

根据委托，2000 年 6 月 8 日，A 运输公司负责将托运人 B 贸易公司托运的货物由天津经海运运至大连后，经大连转公路运至丹东，然后由 A 运输公司的丹东代理人安排货物经丹东出境由铁路运抵朝鲜新义州。在托运人 B 贸易公司向天华运输公司出具"指定朝鲜 C 公司为唯一收货人，提单只作议付单据的声明"后，A 运输公司向托运人签发了国际多式联运提单，提单载明：托运人为 B 贸易公司，收货人为朝鲜 C 公司，同时批注有"仅作议付用"(fornegotiableonly)。在铁路签发的运单载明装货地为丹东，卸货地为朝鲜新义州，收货人为朝鲜 C 公司。

想一想

- （1）什么是国际多式联运单据？它的性质和作用是怎样的？
- （2）A 公司签发的多式联运单证是否为不可转让的多式联运单证，为什么？多式联运单证有哪些分类？

2. 技能训练目标

掌握国际多式联运单据的概念、作用以及分类。

3. 相关理论知识

1) 多式联运单据的定义与性质

（1）多式联运单据的定义

在多式联运方式下，多式联运经营人在接管货物时，应由本人或其代理人签发多式联运单据。在多式联运中，虽然一票货物由多种不同运输方式、多个实际区段承运人共同完成运输，但从接货地至交货地使用一张货运单证——多式联运单据。

《联合国国际货物多式联运公约》对多式联运单证所下的定义是："国际多式联运单证(Multimodal Transport Document, MTD)，是指证明多式联运合同以及证明多式联运经营人接管货物并负责按照合同条款交付货物的单证。"

1991 年《联合国贸易和发展会议/国际商会多式联运单证规则》所下的定义是："多式联运单证是指证明多式联运合同的单证，该单证可以在适用法律的允许下，以电子数据交换信息取代，而且可以(a)以可转让方式签发，或者(b)表明记名收货人以不可转让方式签发。"

1997 年 10 月 1 日我国实施的《国际集装箱多式联运管理规则》对多式联运单据的定义是：多式联运单据是指证明多式联运合同以及证明多式联运经营人接管货物并负责按合同条款交付货物的单据。

从上述定义可知，多式联运单据与海运提单作用相似：是多式联运合同的证明；是多式联运经营人收到货物的收据；是收货人据以提货的物权凭证。

（2）多式联运提单的性质与作用

多式联运公约中对提单所下的定义与《汉堡规则》中对提单所下定义是一致的，因此多式联运提单与海上运输提单的性质与作用是一致的，主要有以下几方面：

①是双方在合同确定的货物运输关系中权利、义务和责任的准则。

发货人提出托运申请，经营人根据自己的情况表示可以接受后，双方即达成了协议，多式联运合同已告成立。签发多式联运提单只是经营人履行合同的一个环节。因此，多式联运提单与各单一方式运输中使用的运单是不同的，不是运输合同而只能是合同的证明。

提单正面的内容和背面的条款是经营人与发货人订立合同的条款与实体内容，由各经营人都提前印好并公开其内容。发货人在订立合同前应了解提单上所有条款，除非有另外的协议，应把这些内容和条款当做双方合同的内容和权利、义务和责任的准则。即使在发货人用提单按信用证结汇后发生向第三方的转让，多式联运经营人与新的提单持有人之间的责任、权利和义务关系仍然依提单的规定确定。提单发生转移后，发货人根据提单或与经营人另外达成的协议而承担的责任也不因此而解除。收货人或提单受让人仍要承担运输开始后及提单背书（转让）后所产生的各种义务。

②是多式联运经营人接管货物的证明和收据。

多式联运经营人向发货人签发的提单是证明运送提单上记载的货物，已经从发货人手中接收并占有了该货物。因此提单具有接受货物收据和证明多式联运经营人开始对货物负责的作用。

与海运提单一样，当提单在发货人手中时，它是承运人已按其上所载情况收到货物的初步证据，即如经营人实际收到的货物和提单内容不符，经营人可以提出反证。如果提单"转让至善意的第三者或提单受让人"，除提单上定有有效的"不知条款"外，提单成为经营人按其记载的内容收到货物的绝对证据，经营人不得提出实际收到货物与提单上记载不符的任何反证。

③是收货人提取货物和多式联运经营人交付货物的凭证。

无论经营人签发的是哪一种类的提单，也不论是否发生了转让，收货人或受让人在目的地提货时必须凭借多式联运提单才能换取提货单（或收货记录），反过来，多式联运经营人或其代表也只能将货物交付给提单持有人。提单是在目的地双方货物交接的凭证。如果提单上证明该提单正本有多份时，经营人或其代表已按照其中一份正本交货后，其余正本即告作废。提单是交付货物的凭证，对经营人来讲是十分重要的。无提单放货将使经营人承担巨大的风险。

④是货物所有权的证明，可以用来结汇、流通、抵押等。

谁拥有提单，在法律上就表明拥有提单上记载的货物。提单持有人虽然不直接占有货物，但可以用它来结汇、流通买卖和抵押等，如发货人可用它来结汇，收货人可在目的港要求经营人交付货物，或用背书或交付提单方式处理货物（转让），可以作为有价证券办理抵押等。一般来讲，提单的转让可产生货物所有权转移的法律效力。

（3）多式联运单据的主要内容

多式联运单据是发货人、多式联运经营人、收货人等当事人货物交接的凭证。多式联运单据的内容应准确、完整，其主要内容有：

①货物的名称、种类、件数、重量、尺寸、包装等；

②多式联运经营人的名称和主要经营场所；

③发货人、收货人的名称；

④多式联运经营人接管货物的地点、日期；

⑤多式联运经营人交付货物的地点和约定的时间或期限；
⑥表示多式联运为可转让或不可转让的声明；
⑦多式联运经营人或其授权人的签字；
⑧有关运费支付的说明；
⑨有关运输方式和运输线路的说明；
⑩在不违反多式联运单据签发国法律的前提下，双方同意列入的其他事项。

多式联运单据一般都列入上述内容，但如果缺少其中一项或几项，只要所缺少的内容不影响货物运输和当事人的利益，多式联运单据仍具法律效力。

(4) 集装箱提单与多式联运提单

集装箱提单是指为集装箱运输所签发的提单。它既可能是港到港的直达提单，也可能是海船转海船的转船提单或联运提单，还可能是海上运输与其他运输方式连续完成全程运输的多式联运提单。虽然习惯上常将这三种提单统称为集装箱提单，甚至认为集装箱提单就是多式联运提单。然而，应该明确的是，由于集装箱运输并不一定都是多式联运，因而为集装箱运输所签发的提单也不一定都是多式联运提单。在实务中，集装箱提单大都以"港到港或多式联运(port to port or multimodal transport)"为提单的"标题"，以表明本集装箱提单兼具直达提单和多式联运提单性质，而且都在提单中设置专门条款按"港到港"运输和多式联运分别为承运人规定了不同的责任。

2) 多式联运单据的分类

根据多式联运公约规定，在目前实际运作中，多式联运提单的种类，按是否可转让的原则可以分为两大类：可转让提单和不可转让提单。而可转让提单又可分为按指示交付或向持票人交付两类。不可转让提单一般为记名提单。此外，根据多式联运经营人是否在多式联运单据上对货物的记载做出保留，可将多式联运单据分为清洁提单和不清洁提单。

(1) 指示提单、不记名提单、记名提单

①指示提单是指在正面收货人一栏中载明"有某人指示"或"指示"字样的多式联运提单。通常对于前者规定可以是发货人指示或银行指示，后者一般被视为发货人指示。两种指示提单均需要指示人背书后才能转让，实现提单的流通。如果指示人不作任何背书，则意味着指示人保留对货物的所有权，只有指示人本人才有提货权。

②不记名提单又称空白提单，是指在正面收货人栏不写明具体收货人或由某人指示，通常只注明"持有人"或"交持有人"字样的多式联运提单。对于不记名提单，经营人或其代表应将货物交给持有提单的人。不记名提单的转让不需要背书即可进行。因此这种提单具有很强的流通性，但也给货物买卖双方带来很大的风险，所以在实践中极少使用。

③记名提单是指正面收货人一栏中载明作为收货人的特定的人(或公司)的提单，一般不能发生转让流通(在有些国家规定可经背书或司法部门批准后转让)。由于这种提单流通性差，在实践中采用较少，仅在贵重物品、个人赠送品、展览品等货物运输中使用。

(2) 清洁提单、不清洁提单

①清洁提单是指在多式联运单据上，多式联运经营人未对货物的外表状况做出任何保留，即视为货物在交付经营人时是完好的。托运人(卖方)向银行办理结汇时，除非另有规定，银行都要求提交此种提单。

②不清洁提单是指经营人在多式联运单据上加注了有关货物外表状况不良或存在缺陷等的记载。在国际贸易中银行通常拒绝托运人(卖方)以不清洁提单办理结汇。习惯的变通做法是由托运人向经营人出具保函,要求经营人不将场站收据上有关货物外表状况不良的记载转移到提单上而签发清洁提单。这种做法实质掩盖了提单签发时货物的真实情况,多式联运经营人将面临较大的风险。

FIATA 格式多式联运清单如图 4-1 所示。

4. 技能训练

(1)准备。学生每 5 人为一个项目组,每个项目组讨论本部分内容的情境案例,讨论之后选出一名学生作出回答,并用纸板制作不同分类多式联运单据若干,由学生按正确分类选出;教师现场指导,并适时打分记录。

(2)步骤。教师讲解本项目案例知识;各小组掌握相关知识;每组派一位代表通过选出不同类别多式联运提单进行

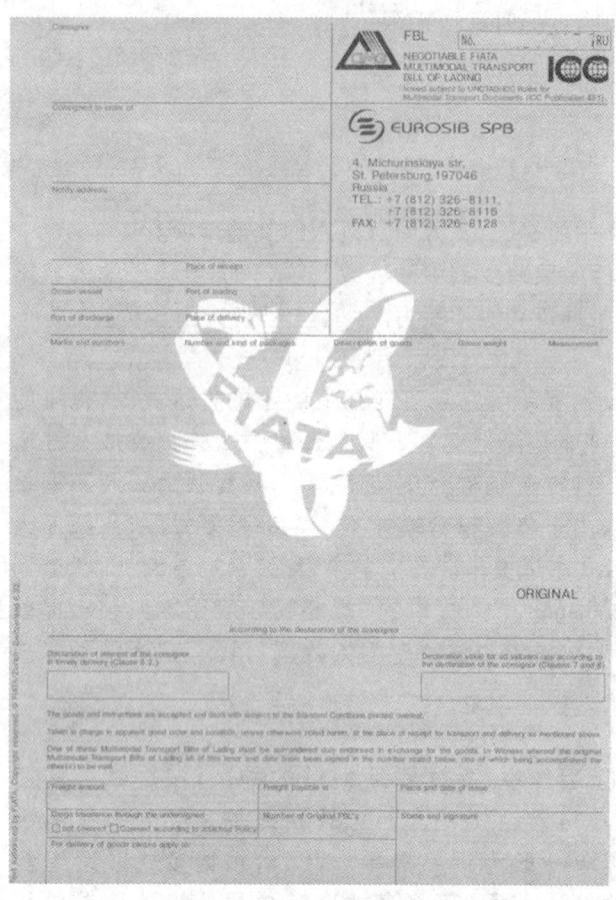

图 4-1 FIATA 格式多式联运提单

知识巩固;教师现场指导打分,并综合评价。

(3)注意事项。一丝不苟,认真分析;及时打分点评。

思考练习

1. 案例分析题

(1)一货主将 2000 台电视机送多式联运经营人仓库装箱,多式联运经营人仓库收到 2000 台电视机后,签发仓库收据 2000 台,但装箱单却记载 1950 台,而拆箱单记载 1980 台。FOB 价,提单上记载 SLAC。问:提单应记载多少件? 提单记载 SLAC 是否有效? 仓储物流公司将承担什么责任?

(2)一货主将一批货交由无船承运人,并由其签发 HBL,无船承运人将货交由船公司,并由船公司签发 SBL,收货人将 HBL 转让给第三方,而目的港的无船承运人代理却在第三方未调换提单的情况下,主动将 SBL 交由原 HBL 持有人。问:HBL 未调换 SBL 情况下,产生的后果是什么? 是否已构成无船承运人无单放货?

2. 简述题

(1)什么是国际多式联运单据? 各国际公约和法律是如何规定的?

(2)国际多式联运单据和集装箱提单有怎样的关系?

(3)试列举国际多式联运提单的分类。

项目二 国际多式联运单据的缮制与签发

教学要点

（1）明确国际多式联运单据的内容；
（2）明确国际多式联运单据的缮制业务；
（3）明确国际多式联运单据的签发与流转。

教学方法

可采用讲授、情景教学、案例教学和分组讨论等方法。

1. 情境设置

王同学毕业后，进入一家具有多式联运经营人资质的航运企业进行单证操作实习，主要负责多式联运单据的缮制与签发。但是一份多式联运单据上面有很多项目需要填写，这让王同学一时很是迷茫。同时，对于一份多式联运提单在整个货物运输流程当中是怎样流转这一问题，他也一直很困惑。

想一想

- （1）国际多式联运单据的主要内容是什么？如何缮制一份多式联运单据？
- （2）多式联运单据的签发需要注意哪些内容？签发之后，该提单是怎样流转的？

2. 技能训练目标

掌握国际多式联运单据的缮制与签发业务。

3. 相关理论知识

1）多式联运单据应记载的内容

多式联运单据是发货人、多式联运经营人、收货人等当事人货物交接的凭证，提单的内容准确清楚、完整与否，对保证货物正常交接、安全运输有着重要意义。多式联运提单应记载的主要内容有：

①货物的名称、种类、件数、重量、尺寸、包装等；
②多式联运经营人的名称和主要经营场所；
③发货人、收货人的名称；
④多式联运经营人接管货物的地点、日期；
⑤多式联运经营人交付货物的地点和约定的时间或期限；
⑥表示多式联运为可转让或不可转让的声明；
⑦多式联运经营人或其授权人的签字；
⑧有关运费支付的说明；
⑨有关运输方式和运输线路的说明；
⑩多式联运提单签发的地点和日期；
⑪如双方有明确协议，每种运输方式的运费，或者应由收货人支付的运费，包括用以支

付的货币，或者关于运费由收货人支付的其他说明；

⑫预期经过的路线、运输方式和转运地点，如在签发多式联运单证时已经确知；

⑬在不违反多式联运单据签发国法律的前提下，双方同意列入的其他事项。

多式联运单据一般都列入上述内容，但如果缺少其中一项或几项，只要所缺少的内容不影响货物运输和当事人的利益，多式联运单据仍具法律效力。

空白多式联运提单样本如图 4-2 所示。

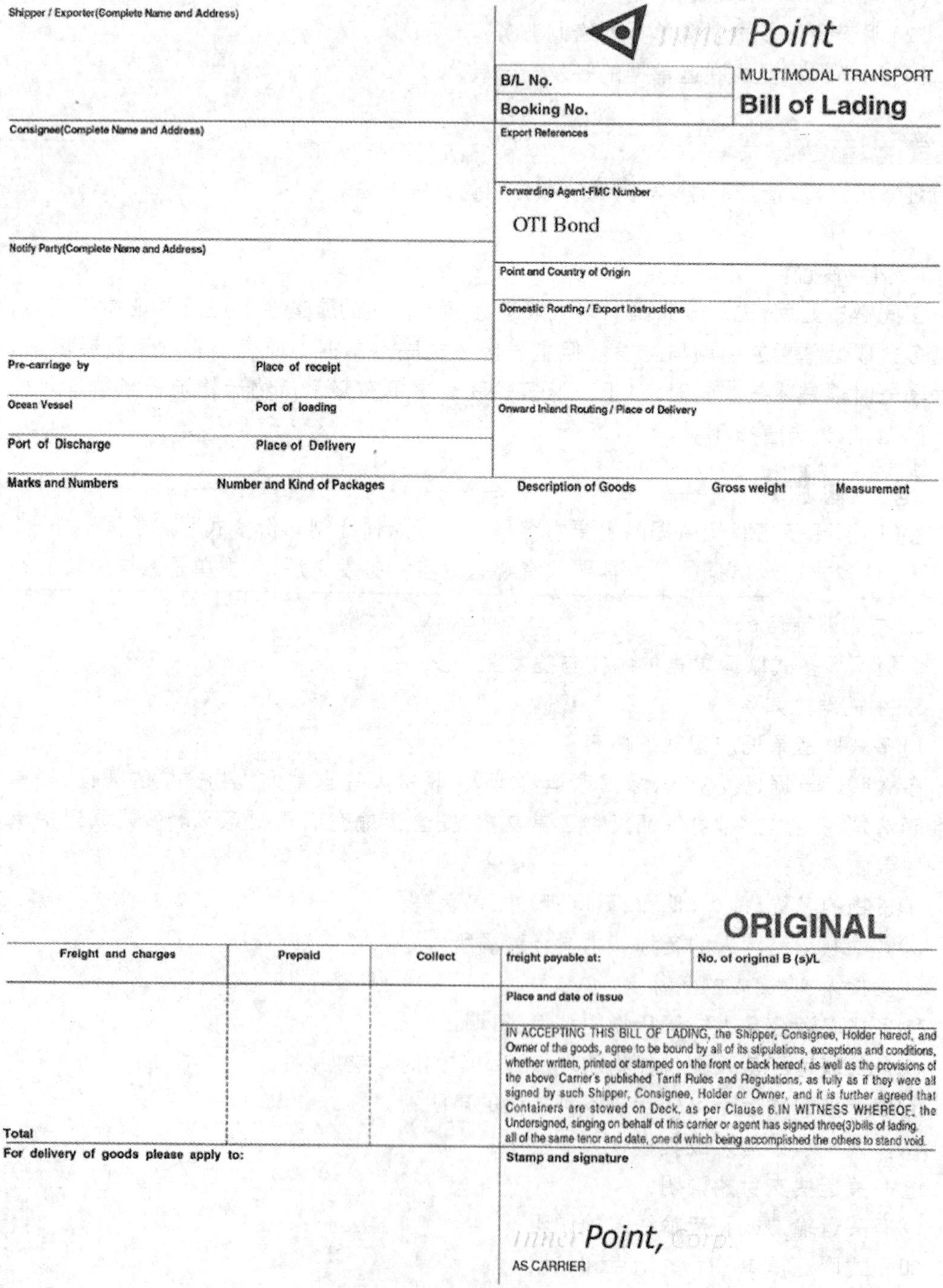

Shipper / Exporter(Complete Name and Address)

InnerPoint

B/L No.

Booking No.

MULTIMODAL TRANSPORT

Bill of Lading

Consignee(Complete Name and Address)

Export References

Forwarding Agent-FMC Number

OTI Bond

Notify Party(Complete Name and Address)

Point and Country of Origin

Domestic Routing / Export Instructions

Pre-carriage by | Place of receipt

Ocean Vessel | Port of loading

Port of Discharge | Place of Delivery

Onward Inland Routing / Place of Delivery

Marks and Numbers	Number and Kind of Packages	Description of Goods	Gross weight	Measurement

ORIGINAL

Freight and charges	Prepaid	Collect
Total		

freight payable at: | No. of original B (s)/L

Place and date of issue

IN ACCEPTING THIS BILL OF LADING, the Shipper, Consignee, Holder hereof, and Owner of the goods, agree to be bound by all of its stipulations, exceptions and conditions, whether written, printed or stamped on the front or back hereof, as well as the provisions of the above Carrier's published Tariff Rules and Regulations, as fully as if they were all signed by such Shipper, Consignee, Holder or Owner, and it is further agreed that Containers are stowed on Deck, as per Clause 6.IN WITNESS WHEREOF, the Undersigned, singing on behalf of this carrier or agent has signed three(3)bills of lading, all of the same tenor and date, one of which being accomplished the others to stand void.

For delivery of goods please apply to:

Stamp and signature

InnerPoint, Corp.

AS CARRIER

图 4-2　空白多式联运提单样本

2）多式联运提单的填制

（1）托运人（Shipper）。一般为信用证中的受益人，即托运人。

（2）收货人（Consignee）。如要求记名提单，则可填上具体的收货公司或收货人名称；如属指示提单，则填为"指示"（ORDER）或"凭指示"（TO ORDER）；如需在提单上列明指示人，则可根据不同要求，做成"凭托运人指示"（TO ORDER OF SHIPPER）、"凭收货人指示"（TO ORDER OF CONSIGNEE）或"凭银行指示"（TO ORDER OF XX BANK）。

（3）被通知人（Notify Party）。这是多式联运经营人在货物到达目的地时发送到货通知的收件人，有时即为进口人。在信用证项下的提单，如信用证上对提单被通知人有权具体规定时，则必须严格按信用证要求填写。如果是记名提单或收货人指示提单，且收货人又有详细地址的，则此栏可以不填。如果是空白指示提单或托运人指示提单则此栏必须填列被通知人名称及详细地址，否则多式联运经营人就无法与收货人联系，收货人也不能及时报关提货，甚至会因超过海关规定申报时间被没收。

（4）提单号码（B/L No.）。一般列在提单右上角，以便于工作联系和查核。发货人向收货人发送装船通知（SHIPMENT ADVICE）时，也要列明船名和提单号码。

（5）前程运输工具（Pre-carriage by）。此栏填入第一程运输工具名称。

（6）收货地（Place of Receipt）。如果在收货地收货，则此栏应填入具体名称。

（7）船名（Ocean Vessel & Voyage No.）。应填列货物所装的船名及航次。

（8）装货港（Port of Loading）。应填列实际装船港口的具体名称。

（9）卸货港（Port of Discharge）。填列货物实际卸下的港口名称。如属转船，第一程提单上的卸货港填转船港，收货人填二程船公司；第二程提单装货港填上述转船港，卸货港填最后目的港。如由第一程船公司出联运提单（THROUGH B/L），则卸货港即可填最后目的港，提单上列明第一和第二程船名。如经某港转运，要显示"VIA XX"字样。在运用集装箱运输方式时，目前使用"联合运输提单"（COMBINED TRANSPORT B/L），提单上除列明装货港、卸货港外，还要列明"收货地"（PLACE OF RECEIPT）、"交货地"（PLACE OF DELIVERY），以及"第一程运输工具"（PRE-CARRIAGE BY）、"海运船名和航次"（OCEAN VESSEL，VOY NO）。填写卸货港，还要注意同名港口问题；如属选择港提单，就要在这栏中注明。

（10）交付地（Place of Delivery）。与收货地一样，可根据需要填入具体名称。但值得注意的是，收货地、交付地栏可以均填入具体名称，也可仅在其中一项中填入具体名称，另一栏保持空白。但不得均为空白，否则该提单则成为"港—港"提单，而并非多式联运提单。

（11）标记与号码，集装箱号码与封号（Marks & Nos, Container/Seal No.）。此栏填入的标志须与商业发票及有关单据上的标志相一致，且不得与信用有任何抵触。对于集装箱货物，还应注明集装箱箱号及其铅封号，以便于核对与查询。对于无包装标志的散货等应在提单上注明"无标志"（N/M），不得在提单货物标志栏内保持空白。此外有时托运人要求将标志图案直接贴在提单标志处，这种提单俗称"贴唛提单"。此时承运人或代理人应在所贴唛头与提单本身之间加盖章，以证明所贴唛头是经承运人批准的，与货物唛头一致，而不是伪造的，也可避免日后将原唛头换掉，贴上其他唛头。

（12）箱数与件数（Numbers of Packages or Shipping Units）。按货物实际包装情况填列。

（13）货物描述（Description of Goods）。在信用证项下货名必须与信用证上规定的一致。

（14）毛重，尺码（Gross Weight，Measurement）。除信用证另有规定者外，一般以公斤为单位列出货物的毛重，以立方米为单位列出货物体积。

（15）总包装件数（Total Packages）。用英文大写字母而不是阿拉伯数字来填写集装箱的总箱数或货物的总件数，总箱数或总件数是指本提单项下的总箱数或货物总件数。在件数前，须加上"SAY"字样，相当于"合计"，在件数后加上"ONLY"，相当于"整"。如"SAY ONE HUNDRED CARTONS ONLY"。

（16）运费和费用（Freight and Charges）。一般为预付（FREIGHT PREPAID）或到付（FREIGHT COLLECT）。如 CIP、CPT 出口，一般均填上运费预付字样。不可漏列，否则收货人会因运费问题提不到货。如系 FCA 出口，则运费可制作"运费到付"字样，除非收货人委托发货人垫付运费。

（17）运费支付地（Freight Payable at）。填写实际支付运费的地点。

（18）签单地点及日期（Place and Date of Issue）。签单地点通常为装运地点。签发日期即为装运日期。

（19）正本提单份数（Number of Original B/Ls）。此栏应按信用证规定的份数出具，一般正本提单为 3 份。若信用证无特别规定，仅要求出具全套正本提单，也可出具 1 份。

（20）签章（Signature）。

此外，在多式联运业务中，由多式联运经营人签发的多式联运单证与各运输区段的接运承运人（实际承运人）签发的运输单据（提单或运单等）在缮制上有着区别与联系，参见表 4-1。

多式联运单证与各区段承运人单据的区别与联系　　　　　　表 4-1

项　　目	多式联运单证 （提单、运单）	各运输区段承运人单据 （提单、运单）
收货地	起始收货地点	运输工具实际收货地
装货港	一程承运船的装港	区段运输工具（船）的实际装货港
卸货港	最末程承运船卸港	区段运输工具（船）的实际卸货港
交货地	最终交货地点	区段运输工具的实际交货地
签单地	起始收货地点	区段运输工具的收货地（港）
托运人	依贸易合同而定	多式联运经营人或其代理人
通知人	依贸易合同而定	多式联运经营人或其代理人
收货人	依贸易合同而定	多式联运经营人或其代理人
签发人	多式联运经营人或其代理人	区段承运人或其代理
责任区间	承担全程责任	承担各自负责区段责任
主要用途	结汇与提货	货物交接与提取

3）国际多式联运单证的签发

多式联运经营人凭收到货物的收据在签发多式联运提单时，可根据发货人的要求签发可转让与不可转让多式联运提单中的任何一种。

如签发可转让的多式联运提单，则：

（1）应列明按指示交付或向持票人交付；

（2）如列明向持票人交付，须经背书后才能转让；

（3）如列明向持票人交付，无须背书即可转让；

（4）如签发一套一份以上的正本，应注明正本份数；

(5) 如签发任何副本,每份副本应注明"不可转让副本"字样。

4) 国际多式联运单证的流转程序

图 4-3 以一程是公路运输,二程是海上运输,三程是铁路运输的多式联运为例说明多式联运经营人签发的多式联运提单及各区段单证的流转程序。在实际业务中,多式联运提单和各区段实际承运人的货运单证的缮制大多交由多式联运经营人的各区段代理负责,多式联运经营人主要充当全面控制和发布必要指示的角色。

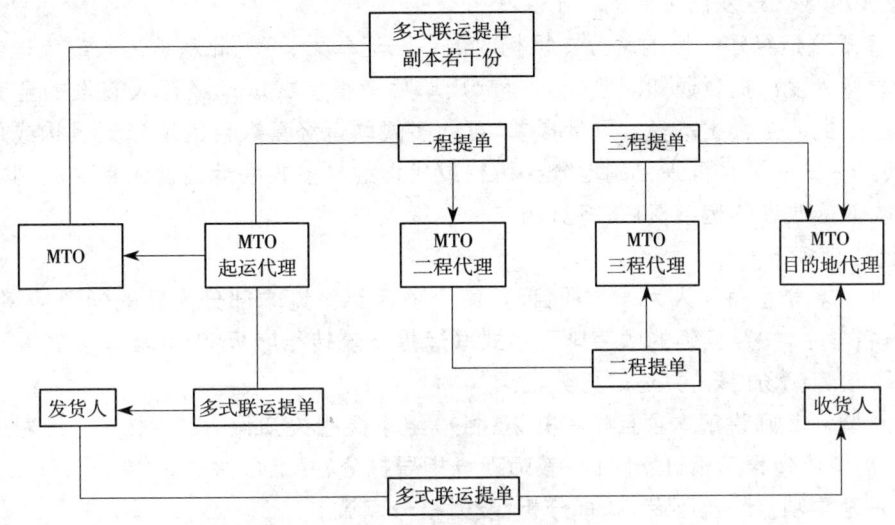

图 4-3　多式联运提单及各区段实际承运人签发运输单证的流转程序

(1) 多式联运经营人起运地分支机构或代理缮制并签发全程多式联运提单,其中的正本交给发货人,用于结汇;副本若干份交付多式联运经营人,用于多式联运经营人留底和送交目的地分支机构或代理。

(2) 多式联运经营人起运地分支机构或代理货交一程承运人后,一程承运人签发以多式联运经营人或其起运地分支机构或代理为托运人、以多式联运经营人或其二程分支机构或代理为收货人的公路运单,运单上应注有全程多式联运提单的号码。多式联运经营人起运地分支机构或代理在货物出运并取得运单后,应立即以最快的通信方式将运单、舱单等寄交多式联运经营人二程分支机构或代理,以便二程分支机构或代理能用此提货;与此同时,还应向多式联运经营人提供运单副本以及载运汽车离站时间及预计抵达时间等信息,以便多式联运经营人能全面了解货运进展和向二程分支机构或代理发出必要的指示。

(3) 多式联运经营人二程分支机构或代理收到运单后,凭此从一程承运人或其代理处提取货物,并交付二程承运人或其代理。二程承运人或其代理收到货物后,签发以多式联运经营人或其二程分支机构或代理为托运人,以多式联运经营人或其三程分支机构或其三程分支机构或代理为收货人的提单(当然也可以是指示提单,但通知方应为多式联运经营人三程分支机构或代理),提单上应注明全程多式联运提单号码。多式联运经营人二程分支机构或代理在货物出运并取得提单后,应立即以最快的通信方式将正本提单、舱单等寄交多式联运经营人三程分支机构或代理,以便三程分支机构或代理能用此提货;与此同时,还应向多式联运经营人提供提单副本以及船舶离港报告等,以便多式联运经营人能全面了解货运进展和向三程分支机构或代理发出必要的指示。

(4) 多式联运经营人三程分支机构或代理收到提单后,凭此从二程承运人或其代理处提取货物,并交付三程承运人或其代理,三程承运人或其代理收到货物后,签发以多式联运经营人或其三程分支机构或代理为托运人,以多式联运经营人或其目的地分支机构或代理为收货人的铁路运单,运单上应注明全程多式联运提单号码。多式联运经营人三程分支机构或代理在货物出运并取得运单后,应立即以最快的通信方式将运单等寄交多式联运经营人目的地分支机构或代理,以便目的地分支机构或代理能用此提货;与此同时,还应向多式联运经营人提供运单副本以及火车动态等,以便多式联运经营人能全面了解货运进展和向目的地分支机构或代理发出必要的指示。

(5)多式联运经营人目的地分支机构收到铁路运单后,可凭此从承运人或代理处提取货物,并向收货人发出提货通知。收货人付款赎单后取得多式联运经营人签发的全套正本多式联运提单,凭此全套正本多式联运提单,可向多式联运经营人目的地分支机构或代理办理提货手续。多式联运经营人目的地分支机构或代理经与多式联运经营人寄交的副本提单核对,并在收取应收取的运杂费后,将货物交付收货人。

4. 技能训练

(1)准备。学生每5人为一个项目组,每个项目组讨论本部分内容的学习情境,讨论之后选出一名学生,按照正确的顺序排列多式联运提单流转程序板;课前准备多式联运提单流转程序板;教师现场指导,并适时打分记录。

(2)步骤。教师讲解本项目情景知识;各小组掌握相关知识;每组派一位代表通过排列多式联运提单流转程序板进行巩固;教师现场指导打分,并综合评价。

(3)注意事项。一丝不苟,认真分析;及时打分点评。

思考练习

1. 提单实务题

请根据图4-4的单证回答相关实务问题。

问题:

(1)从运输形式来看,这是一份什么性质的提单?简单说明原因。

(2)从收货人一栏看,这是一份什么性质的提单?该提单应由哪个公司首先背书?

(3)如果该批货物的实际装船日期是2012年12月23日,那么这是一份什么性质的提单?该提单对于收货人是否有欺诈嫌疑?

(4)卸货港和交货地分别是哪里?属于哪个国家?该运输属于哪一条航线?该航线一般会有哪些附加费?

(5)CY TO DOOR的含义是什么?试列举其他集装箱货物的交接形式。

(6)收货人提货时是否应支付海运费?为什么?

(7)收货人提货时应交出几份提单?该提单下有几个集装箱?

(8)该提单由谁签署?为什么?

(9)GP的含义是什么?试列举5种常见集装箱。

(10)S.T.C.的含义是什么?S.O.C.的含义是什么?要求写出英文全称。

2. 简答题

(1)国际多式联运单据的内容有哪些?

(2)多式联运单据以可转让的方式签发时应注意哪些事项?

(3)试绘制国际多式联运提单的流转程序。

1. Shipper Insert Name, Address and Phone ABC CO., LTD.	B/L No. XXXU1234567
2. Consignee Insert Name, Address and Phone TO ORDER	XXXXXX 运输有限公司 XXXXX CONTAINER LINES **ORIGINAL** **BILL OF LADING**
3. Notify Party Insert Name, Address and Phone (It is agreed that no responsibility shall attsch to the Carrier or his agents for failure to notify) XYZ CO., LTD. TEL: 12345678	RECEIVED in external apparent good order and condition except as other-Wise noted. The total number of packages or unites stuffed in the container, The description of the goods and the weights shown in this Bill of Lading are Furnished by the Merchants, and which the carrier has no reasonable means Of checking and is not a part of this Bill of Lading contract. The carrier has Issued the number of Bills of Lading stated below, all of this tenor and date, One of the original Bills of Lading must be surrendered and endorsed or sig-Ned against the delivery of the shipment and whereupon any other original Bills of Lading shall be void. The Merchants agree to be bound by the terms And conditions of this Bill of Lading as if each had personally signed this Bill of Lading. SEE clause 4 on the back of this Bill of Lading (Terms continued on the back Hereof, please read carefully).

4. Combined Transport * Pre-carriage by	5. Combined Transport* Place of Receipt	
6. Ocean Vessel Voy. No. COSCO QINGDAO V. 123	7. Port of Loading SHANGHAI, CHINA	
8. Port of Discharge TACOMA WA, US	9. Combined Transport * Place of Delivery MONTREAL, CANADA	*Applicable Only When Document Used as a Combined Transport Bill of Lading.

Marks & Nos. Container / Seal No.	No. of Containers or Packages	Description of Goods (If Dangerous Goods, See Clause 20)	Gross Weight Kgs	Measurement
N/M	100CTNS	GARMENTS 2X20GP S. T. C. S. L. C. S CY TO DOOR COSU8001215 S. O. C. 802376	36 000KGS	40CBM
		Description of Contents for Shipper's Use Only (Not part of This B/L Contract)		
10. Total Number of containers and/or packages (in words)SAY Subject to Clause 7 Limitation		SAY ONE HUNDRED CARTONS ONLY		

11. Freight & Charges FREIGHT PREPAID	Revenue Tons	Rate	Per	Prepaid	Collect
Declared Value Charge					

Ex. Rate:	Prepaid at	Payable at	Place and date of issue SHANGHAI, 2012. 12. 22
	Total Prepaid	No. of Original B(s)/L 3(3)	Signed for the Carrier DEF CO., LTD. AS AGENT FOR GHI CO., LTD. AS CERRIER

LADEN ON BOARD THE VESSEL
DATE   BY

图 4-4   案例提单样本

任务五　国际多式联运运费业务

内容简介

在国际多式联运各区段运输业务中,各个环节都需要花费相应费用。本章介绍了多式联运运费的结构以及海上运输和内陆各区段集装箱运输方式运费的计算方法和相应例题解析。

教学目标

1. 知识目标

（1）了解并熟悉国际多式联运运费结构；

（2）了解并熟悉国际多式联运运费计算标准。

2. 技能目标

（1）掌握国际多式联运运费计算的基本原理；

（2）掌握整箱货、拼箱货运费计算方法；

（3）掌握各区段运输方式集装箱运费的计算；

（4）重点掌握海运运费以及航空运费的计算方法。

案例导入

谁是该案运费的支付人

大连一家公司（以下称发货人）与欧洲一家公司（以下称收货人）成交9个20英尺箱的食品。信用证规定:9个20英尺箱分3批出运,即每批3个20英尺箱。第一批货由发货人委托大连一家货代公司（以下简称货代）办理有关订舱出运事项,而第二、第三批货却由发货人自己向船公司提出订舱。其原因是通过第一批货出运,发货人已知道承运人是谁,自己办托运可获取较多的退佣。由于这三批货信用证均规定"预付运费",因而船公司在签发提单时采用"付款放单"原则,即发货人必须在支付运费的前提下,船公司才签发提单。当船公司向发货人收取运费时,发货人却向船公司出具了一份保函,保函中说:"这三批货运费由货代支付,船公司可凭保函向货代收运费"。船公司在不了解实际情况下,接收了保函,并将提单直接签发给了发货人。若干天后,船公司凭保函向货代收取运费,此时,货代才知道发货人与船公司之间存在这份保函,而且要求他支付运费,货代对船公司说:"我没有支付运费的责任,因为发货人事先并没有将运费支付给我,而且我与发货人的委托协议中也没有我垫付运费的责任和义务。如一定让我付运费,我也只能支付第一批货的运费。因为第一批货由我向你船公司提出订舱,双方存在承托关系,而第二、第三批货由发货人直接向你船公司提出订舱,理应由发货人支付运费"。在货代不支付运费的情况下,船公司向法院起诉,法院判定由货代支付运费。

法院判定由货代支付运费,货代不服并上诉到高院,高院组成合议庭并让货代提出诉讼保全,随即对发货人公司进行封账。然而,发货人公司账上仅有 9.73 万港币,而这批货的运费和其他费用相加已达 11.5 万港币。

引导思路

（1）由谁支付运费主要依据什么原则来确定？
（2）本案应由谁支付运费？

项目一　国际多式联运运费的基本结构认知

教学要点

（1）国际多式联运运费结构；
（2）国际多式联运运费计费方式；
（3）国际多式联运运价制定事项等。

教学方法

可采用讲授、情景教学、案例教学和分组讨论等方法。

一、情境设置

王同学刚大学毕业,进入一主要从事国际集装箱多式联运业务的公司。经过学习,他发现多式联运业务通常涉及两种以上不同区段的运输,每一笔多式联运业务运费结构与以往从事的单纯海运运费计算相比都相对复杂。

想一想

- 国际多式联运运价的组成结构和计费方式。

二、技能训练目标

通过小组案例讨论、现场教授等形式掌握国际多式联运运费的基本结构和计费方式。

三、相关理论知识

1. 国际集装箱多式联运运费基本结构

国际集装箱多式联运运费由海运运费、堆场服务费、拼箱服务费、集散运输费、内陆运输费等构成。

（1）海运运费

从目前的收费情况看,除有特殊规定外,海运运费基本上仍是按所运货物的运费吨所规定的费率计收。集装箱货物运费计收所依据的运价本主要有两种：一种是班轮公会运价本；

另一种是船公司运价本。

(2) 堆场服务费

堆场服务费也叫码头服务费,包括在装船港堆场接收出口的整箱货以及堆存和搬运至装卸桥下的费用;卸船港从装卸桥下接收进口箱以及将箱子搬运至堆场和堆存的费用也一并包括在装卸港的有关费用内。堆场服务费一般分别向发货人、收货人收取。

(3) 拼箱服务费

拼箱服务费,包括将空箱从堆场运至货运站;将装好货的实箱从货运站运至堆场(装船港);将实箱从堆场运至货运站(卸船港);理货;签发场站收据、装箱单;在货运站货物地正常搬运;装箱、拆箱、封箱、做标记;一定期限内的堆存;必要的分票与积载;提供箱子内部货物的积载图等服务而收取的费用。

(4) 集散运输费

集散运输又叫支线运输,是由内河、沿海的集散港至集装箱出口港之间的集装箱运输。一般情况下,集装箱在集散港装船后,即可签发集装箱联运提单,承运人为这一集散而收取的费用称集散运输费。

(5) 内陆运输费

内陆运输费有两种情况:一种由承运人负责运输;另一种由货主自己负责运输。如由承运人负责内陆运输,其费用则根据承运人的运价本和有关提单条款的规定来确定。

2. 国际集装箱多式联运的计费方式

目前国际多式联运的计收方式主要有单一运费制、分段运费制和混合运费制三种。

(1) 按单一运费制计算运费

单一运费制是指集装箱从托运到交付,所有运输区段均按照一个相同的运费率计算全程运费。在西伯利亚大陆桥运输中采用的就是这种计费方式。

(2) 按分段运费制计算运费

分段运费制是按照组成多式联运的各运输区段来分别计算海运、陆运、空运及港站等各项费用,合计为多式联运的全程运费后,由多式联运经营人向货主一次计收。多式联运经营人与各区段的实际承运人分别结算各运输区段的费用。目前大部分多式联运的全程运费均采用这种计费方式。

(3) 按混合运费制计算运费

制定单一运费率是一件较为复杂的问题。混合运费制是从国内接收货物地点至到达国口岸采取单一费率,由多式联运经营人向发货人收取(预付运费),从到达国口岸到内陆目的地的费用按实际成本确定,另向收货人收取(到付运费)的混合计收方法。

四、技能训练

(1) 学生每 10 人为一个项目组,选一名学生为组长。

(2) 各小组结合课本以及网络等知识,介绍国际多式联运运费知识以及如何进行集装箱运费计算。

(3) 每组派一名代表于课堂陈述训练。

(4) 训练时间安排:1 学时。

思考练习

1. 简答题

（1）简述国际多式联运运费的构成。

（2）根据不同的结构,国际集装箱多式联运运价表可分为哪两种形式?

（3）影响国际多式联运运费的主要因素有哪些?

2. 案例分析题

2010 年 11 月,A 公司委托某运输公司出运一批货物,该运输公司完成委托后并垫付运费 5210 元人民币,A 公司业务员 C 在货运确认书上盖章(B 公司某办事处的章)、签字,确认海运费 5210 元人民币向其结算。2011 年 6 月,A 公司法定代表人又出具确认书。之后运输公司多次要求 A 公司付清垫款,但 A 公司均以发货人未付运费为由不付。2012 年运输公司起诉 A 公司,A 公司却提出其未与运输公司发生业务往来,与运输公司发生往来的是 B 公司。

问:此案件法院应该如何判决?

项目二　国际多式联运运费的计收方法

教学要点

（1）海运集装箱运杂费计算方法;

（2）公路集装箱运杂费计算方法;

（3）铁路集装箱运杂费计算方法;

（4）航空集装箱运杂费计算方法。

教学方法

可采用讲授、多媒体展示、案例教学和分组讨论等方法。

1. 情境设置

一公司出口到某国家货物 500 箱,每箱体积都为 30cm×25cm×20cm,毛重 40kg。经查询,该商品计费标准为"W/M",等级为 10 级,每吨运费率 150 元人民币。该国港口附加费 20%,燃油附加费 10%。

想一想

- （1）出口公司要支付运费为多少?
- （2）海运运费的组成结构。

2. 技能训练目标

通过小组案例讨论、课堂教学等方式掌握各区段集装箱运输费用的计算方法,重点掌握海运运费及航空运费。

3. 相关理论知识

1）国际集装箱多式联运海运运费计费标准

国际集装箱海运运费的计算办法分为基本运费和附加费。

海运运费的计费标准是指计算运费时使用的计算单位,承运人制定的标价表中都具体规定了各种不同商品的计算运费标准。

(1)"W(weight)":该种货物应按其毛重计算运费。

(2)"M(measurement)":该种货物应按其尺寸或体积计算运费。

(3)"W/M":该货物应分别按其毛重和体积计算运费,取较高者。

(4)"Ad. Val.(ad valorem)":该种货物应按其FOB价格的某一百分比计算运费,称为从价运费。

(5)"Ad. Val. or W/M":该种货物应分别按其FOB价格的某一百分比和毛重、体积计算运费,选其较高者。

(6)"W/M plus Ad. Val.":这种货物除应分别按其毛重和体积计算运费,并选较高者之外,还要加收按货物FOB价格的某一百分比计算的运费。

2)集装箱基本海运运费计算

(1)拼箱货海运运费计算

各班轮公司对集装箱拼箱货运费的计算所依据的是件杂货运费的计算标准,即按所运货物的实际运费吨计费:尺码大的按尺码吨计算,重量大的按照重量吨计算。拼箱货海运运费计费还需要加收与集装箱有关的费用,如拼箱服务费、困难作业费等。

(2)整箱货海运运费计算

整箱货的海运运价由基本费率和附加费构成。整箱货运费的计算,可分为按包厢费率、最高运费以及最低运费计收。

①包厢费率

包厢费率的特点是以每个箱子为计费单位,不计实际装货量。可分为FAK包厢费率、FCS包厢费率、FCB包厢费率。

a. FAK包厢费率

FAK包厢费率是指对所有货物均收取统一的运价,其基本原则是集装箱内装运的货类与应收的运费无关。若采用这种费率,货物仅分普通货物、半危险货物、危险货物和冷藏货物4类。货类不同,集装箱尺码不同,费率不同。

b. FCS包厢费率

FCS包厢费率是分箱型,对货物按不同货物种类和等级制定的包厢费率。集装箱普通货物的等级划分为1~20级,一般低级的集装箱收费高于传统运输,高价货集装箱低于传统运输;同一等级的货物,重货集装箱运价高于体积货运价。

c. FCB包厢费率

FCB包厢费率是指按不同货物的类别、等级及计算标准制定的包厢费率。采用此种费率,即使是装有同种货物的整箱货,当用重量吨或体积吨为计算单位(或标准)时,其包厢费率也是不同的。

②最低运费

对于由货主自行装箱且不是实行包厢运费的整箱货,班轮公会通常只计算箱内所装货物的吨数,不对集装箱自身重量或者体积收费,而对集装箱装载率有最低要求,即最低运费,以在装箱且箱内货物没有装满时确保船公司的利益。

计算:班轮公司规定,某航线上20英尺干货箱装载货物的最低限量为$22m^3$或17.5t。

现有小家电 10t、20m³，已知费率 USD22.5/m³，按最低运费计算这批小家电应付运费。

解：货物实际体积 20m³ 小于最低限量 22m³，故运费为：

$$22 \times 22.5 = 495 \text{ 美元}$$

③最高运费

货主自装的实际装箱货物的重量或体积吨数超过规定计费吨，承运人仍按该箱子规定的最高计费吨收取运费，超出部分免收运费，以鼓励货主使用集装箱装运货物，并能最大限度地利用集装箱的内容积。

计算：一批汽车配件，其尺码吨大于重量吨，实际装入 40 英尺集装箱内的尺码为 58.5m³，运价基本费率 USD75W/M，燃油附加费 USD10/FT，货币贬值附加费 6.5%，船公司规定的最高计费吨为 40 英尺箱 55m³。求这批货物应付运费。

解：

$$\text{运费} = [(75 + 10) \times 55] \times (1 + 6.5\%) = 4974.2 \text{ 美元}$$

3) 集装箱海运附加费

集装箱海运附加费是海运运费的重要组成部分。集装箱运输有时需要加收各种附加费，主要加收的附加费包括：燃油附加费、港口附加费、港口拥挤附加费、转船附加费、超长附加费、超重附加费、直航附加费、选港附加费、变更卸货港附加费、绕航附加费、旺季附加费、超额责任附加费等。

4) 公路区段集装箱运费

在国际集装箱多式联运的内陆运输中，公路运输是最常见、最重要的一种运输方式。公路区段集装箱运杂费是多式联运经营人向公路区段承运人及有关货运站所支付的运杂费，包括车辆运行的运费，货物在起运、到达、中转时装卸、仓储、报关、搬运等作业费、业务费。

(1) 集装箱公路运费计算

集装箱公路运费包括基本包干费、代征代收费、其他附加费。

对于重箱来说

重箱基本运费 = 重箱运价 × 计费箱数 × 计费里程 + 箱次数 × 计费箱数   (5-1)

对于空箱来说

空箱基本运费 = 空箱运价 × 计费箱数 × 计费里程 + 箱次数 × 计费箱数   (5-2)

代征代收费包括代各级政府按规定征收的车辆通行费等各类费用。

其他附加费主要包括：车辆延滞费、查验拖车服务费、车辆装箱落空损失费、装卸机械计时包用费、装卸机械走行费、装卸机械延滞费、人工费等。

(2) 国际集装箱公路运价

交通运输部规定国际集装箱汽车运价的计算以重箱为计价基础，并分别指定了"单程重(空)箱价"、"双程重箱价"、"一程重(空)箱，一程空(重)箱价"和"双程空箱价"。

单程重(空)箱运价，按各省、市、自治区制定的国际集装箱汽车运输基本运价计算。

双程重箱运价的计算方法是，同一托运人同一去程和回程重箱，回程对流运输的重箱运价，按基本运价减成 20%；提供不属于同托运人的回程重箱，对各托运人均按对流运输部分的基本运价减成 10%。

一程重(空)箱、一程空(重)箱运价的计算按以下方法进行：同一托运人托运的重箱去，同时空箱回，或空箱去同时重箱回的，按一程重箱计费，遇有空箱运输里程超过重箱运输里程的非对流运输部分按重箱运价计算。

对于同一托运人托运的双程空箱,其中较长一程的空箱按单程重箱计费,另一程捎运的空箱则免收运费。

5) 铁路区段集装箱运费计算

(1) 铁路货物运价种类

铁路货物运输计费分为整车货、零担货、集装箱货。

$$整车货物运价/t = 基价1 + 基价2 \times 运价公里 \tag{5-3}$$

$$零担货物运价/10kg = 基价1 + 基价2 \times 运价公里 \tag{5-4}$$

$$集装箱货物运价/箱 = 基价1 + 基价2 \times 运价公里 \tag{5-5}$$

(2) 运费计算的原则

发送国家和到达国家铁路的运费,均按铁路所在国家的国内规章办理。

过境国铁路运费,均按承运当日统一货价格规定计算,由发货人或收货人支付。如在参加国际货协的国家与未参加国际货协国的国家之间运送货物,则有关未参加货协国家铁路的运费,可按其所参加的另一种联运协定计算。

我国出口的联运货物,交货共同条件一般均规定在卖方车辆上交货,因此我方仅负责至出口国境站一段的铁路运费。但联运进口货物,则要负担过境运送费和我国铁路段的费用。

(3) 过境运费的计算

过境运费按《国际货协统一过境运价规程》规定计算,其计算程序是:根据运单上载明的运输路线,在过境里程表中,查出各通过国的过程里程;根据货物品名,在货物品名分等表中查出其可适用的运价等级和计费重量标准;在慢运货物运费计算表中,根据货物运价等级和总的过境里程查出适用的运费率。

计算公式:

$$基本运费额 = 货物运费率 \times 计费重量 \tag{5-6}$$

6) 空运区段集装箱运费计算

货物的航空运价是指将一票货物自始发地机场运输到目的地机场所应收取的航空运输费用。

(1) 航空运费(Weight Charge)

航空运费是指将一票货物自始发地机场运输到目的地机场所应收取的航空运输费用。

$$航空运费 = 计费重量 \times 适用的运价 \tag{5-7}$$

(2) 计费重量(Chargeable Weight)

①实际毛重(Actual Gross Weight)

包括货物包装在内的货物重量。对于高密度货物(每公斤体积不足 $6000cm^3$ 或 $366in^3$,又称重货)应考虑实际毛重可能是计费重量。

②体积重量(Volume Weight)

将货物的体积按一定的比例折合成的重量称为体积重量。对于低密度的货物(每千克体积超过 $6000cm^3$ 或 $366in^3$,或每磅超过 $166in^3$ 的货物,又称"轻泡货")应考虑体积重量为计费重量。

计算货物体积时,均以最宽、最长、最高的三边的厘米长度计算。

$$体积重量(kgs) = 货物体积(cm^3)/6000 \tag{5-8}$$

国际货物的计费重量以 0.5kg 为最小单位,重量尾数不足 0.5kg 的,按 0.5kg 计算;0.5kg 以上不足 1kg 的,按 1kg 计算。

③等级重量

如果托运人托运货物的重量接近于较高重量分界点,用较高重量分界点的较低运价计算出来的运费低于按适用的运价计算出来的运费,则按较低运价收费。

（3）运价种类

①普通货物运价

a）基础运价（代号 N）

民航总局统一规定各航段货物基础运价,基础运价为 45kg 以下普通货物运价,金额以角为单位。

b）重量分界点运价（代号 Q）

国内航空货物运输建立 45kg 以上、100kg 以上、300kg 以上 3 级重量分界点及运价。

②等级货物运价（代号 S）

急件、生物制品、珍贵植物和植物制品、活体动物、骨灰、灵柩、鲜活易腐物品、贵重物品、枪械、弹药、押运货物等特种货物实行等级货物运价,按照基础运价的 150% 计收。

③指定商品运价（代号 C）

对于一些批量大、季节性强、单位价值低的货物,航空公司可申请建立指定商品运价。

④最低运费（代号 M）

每票国内航空货物最低运费为人民币 80 元。

（4）声明价值费

《华沙公约》中对由于承运人自身的疏忽或故意造成的货物的灭失、损坏或延迟规定了最高赔偿责任限额,这一金额一般被理解为每公斤 20 美元或每磅 9.07 英镑或其他等值货币。如果货物的价值超过了上述值,即增加了承运人的责任,承运人要收取声明价值费。否则即使出现更多的损失,承运人对超出的部分也不承担赔偿责任。

计算公式：

声明价值费 =（货物价值 - 货物毛重 × 20 美元/公斤）× 声明价值费费率　　　　　(5-9)

4. 技能训练

(1) 学生每 10 人为一个项目组,选一名学生为组长。

(2) 比较各运输方式运费计算方法的特点并在课堂上展示成果。

(3) 训练时间安排：1 学时。

思考练习

1. 简答题

(1) 简述集装箱基本海运运费的计算方法。

(2) 简述公路集装箱运费的特点。

(3) 航空集装箱货物运费如何计算？

2. 案例分析题

运费预付条件下货代垫付运费案

2006 年 3 月,被告某工艺品进出口公司（简称工艺品公司）将 1200 双麻底鞋和 10200 双布胶鞋通过北京某船务有限公司（简称船务公司）委托温州某物流公司（简称温州物流公司）安排出运安特卫普。温州物流公司就此两票货物向某外轮代理公司（简称外代公司）订舱。外代公司接受委托后,将两票货拼装在一个 40 英尺集装箱内,安排同年 3 月 30 日"H"

轮 V.201 出运,并分别签发了提单,托运人均为工艺品公司,载明运费预付。货物安全抵达目的港。2007 年 7 月 31 日,原告外代公司将运费 3700 美元垫付给承运人某集装箱运输公司(简称 B 集装箱公司)。但被告工艺品公司一直未向原告外代公司支付该笔运费。

2008 年 5 月 19 日,原告外代公司向某海事法院提起诉讼,请求判令被告工艺品公司支付该笔运费及开航之日至判决生效之日止的逾期付款滞纳金。被告工艺品公司辩称:其未与原告外代公司签订过任何委托订舱协议,货物是通过船务公司配载"H"轮 V.201 出运的,运费已付给船务公司,原告外代公司亦知道此事。另查明,2006 年 12 月 27 日,被告工艺品公司下属工艺品金朝进出口公司为这两票货物付给船务公司运费 3900 美元。

问:(1)本案由谁支付运费?
　　(2)如何确定运费支付方?

项目三　国际多式联运运费的计收业务

教学要点

(1)各区段运输方式货物运输费用的计算;
(2)重点掌握海运运费以及航空运费计算方法。

教学方法

可采用讲授、情景教学、案例教学和分组讨论等方法。

1. 情境设置

我国某公司按 CFR 迪拜价格出口洗衣粉 100 箱,该商品内包装为塑料袋,每袋 0.5 kg,外包装为纸箱,每箱 100 袋,箱的尺寸为:长 47 cm、宽 30 cm、高 20 cm,基本运费为每尺码吨 HK＄367,另加收燃油附加费 33%,港口附加费 5%,转船附加费 15%,计费标准为 M。

想一想

● 该批商品运费是多少?

2. 技能训练目标

通过例题的方式掌握多式联运各运输方式,重点掌握海运区段和航空区段运费计算。

3. 相关理论知识

1)海运区段运费计算

(1)最低运费计算题

远东水脚公会规定,一个 20 英尺干货集装箱的最低运费吨为:重量吨 17.5 t,体积吨 21.5 m^3。

计算 1:假设一个 20 英尺箱内装有 10 级货的橱具(12 mt,19 CBM),运费率为 USD150/rt,求运费。

解：

由于该货属于尺码货，运费为 $21.5 \times 150 = 3225$（USD）。

(2) 亏箱运费计算题

$$亏箱运费 = 亏箱吨 \times 实装货物全部运费 / 实装吨$$

计算 2：20 英尺干货集装箱内装有电器，重量为 5t，尺码吨为 $12m^3$；五金，重量为 7t，尺码吨为 $4m^3$；配件，重量为 4t，尺码吨为 $3m^3$，见表 5-1。费率吨分别为 USD 110W/M，USD 125 W/M。求亏箱费。

计 算 表　　　　　　　　　　表 5-1

货　种	重量吨(t)	尺码吨(m^3)	运费(USD)
电器	5	12	$12 \times 125 = 1500$
五金	7	4	$7 \times 110 = 770$
配件	4	3	$4 \times 110 = 440$
共计	16	19	2710
最低计费吨	17.5	21.5	

解：

亏箱运费 $= 1.5 \times 2710 / 16 = 254.1$（美元）

(3) 最高运费计算题

计算 3：一个 40 英尺集装箱内装 A、B、C 三种货，分别是 COSCONtariff 中第 5、8、15 级货，相应的费率是 USD85，USD100，USD130，最高运费吨为 $67m^3$。假设三种货物的重量与尺码分别是，A：$15m^3$，10mt；B：$20m^3$，9mt；C：$40m^3$，8mt。

解：该箱所装货物总体积 $75m^3$，超出最高运费吨（$75-67=8m^3$），根据最高运费吨的规定，A 货免交 $8m^3$ 的运费，即 $8 \times 85 = 680$ 美元。

(4) 附加费计算题

计算 4：某票货从张家港出口到欧洲费力克斯托（FELIXSTOWE），经上海转船。$2 \times 20'$FCL，上海到费力克斯托的费率是 USD1850.00/20′，张家港经上海转船，其费率在上海直达费力克斯托的费率基础上加 USD100/20′，另有货币贬值附加费 10%，燃油附加费 5%。问：托运人应支付多少运费？

解：

基本运价 $= (1850 + 100) \times 2 = 3900$（美元）

货币贬值附加费 $= (1850 + 100) \times 10\% \times 2 = 390$（美元）

燃油附加费 $= (1850 + 100) \times 5\% \times 2 = 195$（美元）

总额 $= 3900 + 390 + 195 = 4485$（美元）

2) 公路区段集装箱运杂费计算

计算 5：某货主托运一批瓷砖，重 4538kg，承运人公布的一级普货费率为 RMB1.2/(t·km)，吨次费为 RMB16/t，该批货物运输距离为 36km，瓷砖为普货三级，计价加成 30%，途中通行收费 RMB35。计算货主应支付运费多少？

解：

瓷砖重 4538kg，超过 3 吨按整车办理，计费重量为 4.5t；

瓷砖为三级普货，计价加成 30%。

运价 $= 1.2 \times (1 + 30\%) = 1.56$（元/吨公里）

83

运费 = 16 × 4.5 + 1.56 × 4.5 × 36 + 35 = 359.72 ≈ 360(元)

3)铁路区段集装箱运费计算

计算6:甲国有5个车辆的整车货物随旅客列车挂运经我国运往乙国,已知车辆标重为16t,按过境里程和运价等级该货物在《国际货协统一过境运价规程》中的基本运价率为8美元/t,而根据运价里程和运价号查得该货物在我国国内《铁路货物运价规则》中的运价率折合美元为7美元/t,若两个运价的计费重量均为货车标重,我国应向甲国发货人收取多少运费?(根据《国际货协统一过境运价规程》的规定,随旅客列车挂运的整车货物的加成率为200%)

解:

国内运费:7 × 16 × 5 = 560(美元)

过境段的基本运费额:8 × 16 × 5 = 640(美元)

过境运费:640 × (1 + 200%) = 1920(美元)

运费总计:560 + 1920 = 2480(美元)

4)空运区段集装箱运费计算

计算7:利用空运,由北京运往纽约一箱服装,毛重36.4kg,体积尺寸为82cm × 48cm × 32cm,计算该票货物的航空运费。(以6000cm³折合1kg,计算结果保留两位小数)。公布运价见表5-2。

公 布 运 价   表 5-2

BEIJING	CN		BJS
Y. RENMINGBI	CNY		KGS
NEW YORK(NYC)	U.S.A	M	630.00
		N	64.46
		45	48.34
		100	45.19
		300	41.80

解:

体积:82 × 48 × 32 = 125952(cm³)

体积重量:125952 ÷ 6000 = 20.99(kg) ≈ 21.0(kg)

总重量:36.4kg

若适用运价 GCR N64.46CNY/KG,36.4 × 64.46 = CNY2346.34

若适用运价:GCR Q48.34CNY/KG

计费重量:45.0kg

总费用:45.0 × 48.34 = CNY2175.30

二者比较取其低,故该件货物可按45kg运价计算得的运费2175.30元收取。

4. 技能训练

(1)学生每10人为一个项目组,选一名学生为组长;

(2)从货代公司了解托运一票集装箱货物所花费的全部费用,学会分辨基本运费、附加费及其他各种费用;

(3)训练时间安排:1学时。

思考练习

计算题

（1）长沙红星批发市场王林托运一批日用百货，重4538kg，承运人公布的一级普货费率为1.2元/(t·km)，吨次费为16元/t，该批货物运输距离为360km，日用百货为普货二级，计价加成15%，途中通行收费145元，计算货主应支付运费多少元？（整批吨以下计至100kg，零担起码计费重量为1kg，零担轻泡货物按每立方米折合333kg）

（2）某商人托运两箱毛绒玩具，每箱规格为1.0m×0.8m×0.8m，毛重185.3kg，该货物运费率为RMB0.0025/(kg·km)，运输距离120km，货主要支付多少运费？

（3）兰州西站发银川站机器一台重24t，用50t货车一辆装运，计算其运费。

（4）法国某航空公司承运一批货物由巴黎到莫斯科，体积为0.24m³，毛重30kg，使用一般货物运价。已知法国民航规定以0.006m³折合1kg，45kg以下运价为14.72元/kg，45kg以上100kg以下运价为10.92元/kg。请计算这批货物的运费。

（5）某批仪器从上海出口，货物等级为10级，计费方法为W/M。货物毛重为12t，体积为10.9m³。10级货物的基本运费为200美元/运费吨。本批货物增收选卸港附加费30%，港口附加费为每运费吨20美元。计算该批仪器的运费。

（6）Routing：BEIJING, CHINA (BJS)
to AMSTERDAM, HOLLAND (AMS)
Commodity：TOY
Gross Weight：27.9kgs
Dimensions：80×51×32CM
计算该票货物的航空运费并填制航空货运单的运费计算栏。
公布运价见表5-3。

公 布 运 价　　　　　　　　　　　　表5-3

BEIJING		CN		BJS
Y. RENMINBI		CNY		KGS
AMSTERDAM		NL	M	320.00
			N	50.22
			45	41.53
			300	37.52

（7）玩具60m³，装载2×20′，货代运价1000美元/20′，船公司运价900美元/20′，船公司退佣5%，其中B/L签发费0.75%，货代退货主佣金2.5%，BAF10%，CAF5%，POL的THC100美元/20′，POD THC300美元/20′。货代应收差价、佣金是多少？

（8）玩具60m³，装载2×20′，托运人申报货价9000美元，货代运价按货价10%计收，货主要求退佣2.5%，船公司800美元/20′，货代要求退佣2.5%，但船公司其中扣除B/L签发费0.75%。

①货代应收差价、佣金多少？
②货代应支付多少运费给船公司？

任务六 国际多式联运保险业务

内容简介

国际多式联运保险承保的是运输货物从一国(地区)到另一国(地区)之间的"位移"风险。由于所承保的保险标的在整个运输过程中,无论是地理位置,还是运输工具以及操作人员等均频繁变更,使得承保标的时刻暴露在众多的自然或人为的风险之中,国际多式联运运输保险有其诸多特殊性。本部分内容重点要讲解的就是国际多式联运保险涉及的主要业务和相关知识。

教学目标

1. 知识目标
(1) 了解国际多式联运保险的概念、类别与特征;
(2) 掌握海上运输货物保险知识;
(3) 掌握国际多式联运责任保险知识。
2. 技能目标
(1) 熟悉海上运输货物保险相关实务;
(2) 熟悉国际多式联运责任保险相关实务。

案例导入

2010年12月22日,国外某A公司向我国B公司订购了4000套液晶显示器组件,要求用集装箱运输,该订单下货物分三个集装箱运往国外。2011年1月,B公司向具有多式联运经营人资质的C公司订舱,委托其运输这三票货物,C公司收取运费并为这三票货物签发了三份多式联运提单,提单显示货物交接方式是CY TO DOOR。C公司委托实际承运人D公司从上海港通过海运方式将货物运至美国西雅图港,再经西雅图港由铁路和陆路运至最终交货地纽约。在货物运输途中,第一箱货物因船舱饮用水管破裂被水湿毁;第二箱货物的外集装箱因船舶颠簸撞毁,并压烂箱内货物;第三箱货物在到达目的地之后,被C公司无单放货。

本案例表明,国际集装箱多式联运的发展改变了传统的货物交接界限,也从根本上改变了多式联运经营人的承运责任范围。根据《联合国国际货物多式联运公约》的规定,当多式联运经营人从托运人那里接管货物时起,即表明责任业已开始。也就是说经营人的承运责任已由传统的"钩到钩"扩大到从货物被接受掌管时起至在指定地点交货时止的全程运输过程,货物在该运输过程中的任何区段发生灭失或损坏,多式联运经营人均以本人的身份直接承担赔偿责任,即使该货物的灭失或损坏并非由经营人本人的过失所致。与此同时,随着多式联运经营人责任范围的扩大,运输责任保险的范围、保险期限及保险费率等也随之发生变化。

由此可见,掌握国际多式联运保险知识与业务有着重要意义。

引导思路

(1)本案当中,对于第一箱货物和第二箱货物的损毁,涉及国际多式联运什么保险?有哪些分类?

(2)对于第二箱货物的外集装箱损毁,涉及国际多式联运什么保险?

(3)对于第三箱货物的损毁,涉及国际多式联运什么保险?

项目一 国际多式联运保险基础知识认知

教学要点

(1)明确国际多式联运保险的概念与分类;
(2)明确国际多式联运保险的特点。

教学方法

可采用讲授、情景教学、案例教学和分组讨论等方法。

一、国际多式联运保险的概念与分类

1. 情境设置

2010年12月22日,国外某A公司向我国B公司订购了4000套液晶显示器组件,要求用集装箱运输,该订单下货物分三个集装箱运往国外。2011年1月,B公司向具有多式联运经营人资质的C公司订舱,委托其运输这三票货物,C公司收取运费并为这三票货物签发了三份多式联运提单,提单显示货物交接方式是CY TO DOOR。C公司委托实际承运人D公司从上海港通过海运方式将货物运至美国西雅图港,再经西雅图港由铁路和陆路运至最终交货地纽约。在货物运输途中,第一箱货物因船舱饮用水管破裂被水湿毁;第二箱货物的外集装箱因船舶颠簸撞毁,并压烂箱内货物;第三箱货物在到达目的地之后,被C公司无单放货。

想一想

- (1)什么是国际多式联运保险?它的特征是什么?
- (2)国际多式联运保险有哪些分类?

2. 技能训练目标

掌握国际多式联运保险的概念、分类与特点。

3. 相关理论知识

1)国际多式联运的风险

如表6-1所示,与传统的运输方式相比,国际集装箱多式联运使得货物在运输过程中的许多风险将得以减少,但也增加了一些新的风险。

国际集装箱多式联运所引起的风险变化　　　　　　　表 6-1

减少的风险	增加的风险
(1) 装卸过程中的货损事故	(1) 由于使用集装箱运输，货物包装从简，因而货物在箱内易造成损坏
(2) 货物偷窃、水湿、雨淋事故	(2) 由于货物在箱内堆装不当、加固不牢造成损坏
(3) 污染事故	(3) 货物灭失或损坏时，责任人对每一件或货损单位的赔偿限额大为增加
(4) 货物数量溢短现象	(4) 装运舱面集装箱货物的风险增大

由于上述原因，给运输保险提出了一些新的问题。如保险人责任期限的延长、承保责任范围的扩大、保险费率的调整（即对舱面集装箱征收高保险费率，或征收保险附加费）以及集装箱运输责任保险等。

在多式联运下，不同主体的保险利益所涉及的范围也有所变化，主要有如下几种情况。

(1) 对于海运经营人。从某种意义上讲，由谁投保集装箱，与谁拥有集装箱或对集装箱承担责任有关。如果该集装箱由船公司拥有，则应该由船公司进行投保。可采取的投保方式包括延长集装箱船舶保险期、扩大承保范围、单独的集装箱保险等。在实际保险业务中，单独的集装箱保险比延长船舶保险期应用得更为广泛。

(2) 对于陆上运输经营人。陆上运输经营人通常是指国际货运代理人、公路承运人、铁路承运人等。当他们向货主或用箱人提供集装箱并提供全面服务时，必须对集装箱进行投保，以保护其巨额资金投入。

(3) 对于租箱公司。在租箱业务中，不仅要确定租赁方式，同时，确定由谁对集装箱进行投保也是十分重要的。根据目前的实际情况看，无论是集装箱的长期租赁，还是程租，较为实际的做法是由租箱公司继续其保险，而向承租人收取费用。

(4) 对于第三方责任。在集装箱多式联运过程中，除因箱子损坏而产生经济损失外，还有可能对第三方引起法律责任。如集装箱运输过程中造成人身伤亡及其他财产损失等。由于对第三方的损失责任可能发生在世界任何用箱地，因此其签订的保险单也必须是世界范围内的。

2) 国际多式联运保险的概念

目前国际多式联运保险有广义和狭义之分。广义的多式联运保险包括多式联运过程当中涉及的全部保险，既包括货运险、财产险，又包括责任险。狭义的国际多式联运保险指的是责任保险。

3) 国际多式联运保险的分类

(1) 货运险。其保险标的是集装箱多式联运下的货物本身，应由货主向保险公司投保，投保人和受益人都是货主。

(2) 财产险。其保险标的是集装箱多式联运下的集装箱、底盘车、拖车以及其他在承保时提供的设备表中列明的设备。通常由设备的所有人或者租赁人作为投保人。

(3) 责任险。其保险标的是集装箱所有人/租赁人或集装箱多式联运经营人所承担的赔偿责任。

4) 国际多式联运保险的特点

(1) 事故发生的频度高，造成损失的数量大。国际集装箱多式联运以其安全、简便、优质、高效和经济的特点已广为国内外贸易界和运输业所接受，业务量迅猛增加。并且，由于其覆盖面广、涉及环节多，不可避免地使得货物在运输过程中发生事故的频率增加，造成的损失也大。

（2）集装箱多式联运保险具有国际性。国际集装箱多式联运保险的国际性主要表现在它涉及的地理范围超越了国家的界限。多式联运所涉及的保险关系方不仅包括供箱人、运箱人、用箱人和收箱人，而且包括不同国家和地区的贸易承运人和货主等。运输保险的预防与处理，必须依赖于国际间公认的制度、规则和方法。这是国际集装箱多式联运保险的一个显著特征。

（3）运输保险人责任确定的复杂性。国际集装箱多式联运保险涉及多种运输方式，一般以海运为主体，铁路运输、公路运输以及内河运输等为辅助。在承运过程中，保险人对被保险货物所遭受的损失是否负赔偿责任，首先应以导致该损失的危险事故是否属于保险合同上所约定的承保事项为依据。也就是说只有因保险合同上所约定的危险事故造成的损失，保险人才负赔偿责任。其次是货物受损的程度限制；当损失尚未达到保险合同约定的程度时，保险人也不负赔偿责任。由此可见，多式联运下货物损失赔偿的确定是一个非常复杂的问题。它不仅涉及保险合同本身的承保范围，同时也涉及与运输有关的货物承运人的责任问题。为了划清损失的责任范围，必须深入了解各国以及国际上公认的法律和惯例。

4. 技能训练

（1）准备。学生每 5 人为一个项目组，每个项目组讨论本部分内容的学习情境，讨论之后选出一名学生，从各种案例当中选出多式联运保险的种类；课前准备相关案例；教师现场指导，并适时打分记录。

（2）步骤。教师讲解本项目情景知识；各小组掌握相关知识；每组派一位代表通过从各种案例当中选出多式联运保险的种类进行巩固；教师现场指导打分，并综合评价。

（3）注意事项。一丝不苟，认真分析；及时打分点评。

二、国际集装箱多式联运与海上货物运输保险的关系

无论是从保险的基本概念，还是从保险合同条款的内容来看，海上货物运输保险与国际多式联运的风险保护，在某种意义上说是一致的。

目前以国际贸易运输货物为承保对象的英文保险单大都是以 1906 年英国海上保险法为准据法的。该法的第 3 条第 1 款规定："海上保险合同可以根据明文规定或商业习惯，扩大其承保范围，向被保险人赔付因海上航行前后发生于海上或陆上的风险所造成的损害。"在货物运输过程中，货运保险应就运输全程所发生的危险，向被保险人提供连续、不间断的保险。从这一传统的海上货物运输保险的基本概念来看，海上货物运输保险与保护因集装箱化而出现的真正意义上的多式联运过程中所发生的货物风险，从体制上讲是相适应的。

此外，从构成保险合同的条款和保险期限等方面看，海上货物运输保险也能提供适应于集装箱化和国际多式联运下的"门到门"运输的全程货物保险体制。以目前世界各国保险市场上广泛使用的英国保险协会货物条款为例，根据该条款第 1 条（运输条款）中所规定的"仓到仓"（Warehouse to Warehouse Clause）条款，不论贸易当事人之间对于货物的风险、责任转移的时间和地点等的约定有什么差异，从货物离开起运地仓库或其他场所时开始，至进入最终目的地的仓库时止（但有时有卸船后 60 天的限制或其他约束），货物保险均应对货物运输给予全程保险。

思考练习

简述题

（1）什么是国际多式联运保险？有哪些分类？

（2）国际多式联运保险的特点是什么？

项目二 国际海上货物运输保险业务

教学要点

（1）掌握国际海上货物运输保险的相关险别；

（2）掌握我国海运进出口货物保险的基本做法。

教学方法

可采用讲授、情景教学、案例教学和分组讨论等方法。

一、国际海上货物运输保险险别的选择

1. 情境设置

中国某进出口公司与美国商人签订一份出口玉米合同，由中方负责货物运输和保险事宜。为此，中方与上海某轮船公司 A 签订运输合同租用"扬武"号班轮的一个舱位。1997 年 7 月 26 日，中方将货物在张家港装船。随后，中方向中国某保险公司 B 投保海上运输货物保险。货轮在海上航行途中遭遇风险，使货物受损。

想一想

- （1）如果卖方公司投保的是平安险，而货物遭受部分损失是由于轮船在海上遭遇台风，那么卖方公司是否可从 B 处取得赔偿？为什么？
- （2）如果卖方公司投保的是一切险，而货物受损是由于货轮船员罢工，货轮滞留中途港，致使玉米变质，那么卖方能否从 B 处取得赔偿？为什么？
- （3）如果发生的风险是由于承运人的过错引起的并且属于承保范围的风险，B 赔偿了损失后，卖方公司能否再向 A 公司索赔？为什么？

2. 技能训练目标

掌握国际海上货物运输保险相关险别。

3. 相关理论知识

1）海上运输货物保险的含义

海上运输货物保险（Marine Cargo Insurance）是以海上运输中的各种货物为保险标的的一种海上保险类型。保险人对于货物在海上运输途中因海上风险，包括货物在陆上风险而导致的损失给予赔偿。保险人的承保责任期间不局限于海上航程，还包括与海上航程有关的陆上航程，从发货人的仓库至收货人的仓库。

2)海上运输货物保险的险别

我国海上运输货物保险的险别主要分为三大类:基本险、附加险和特种货物保险。各类又可分为若干种险别。

(1)基本险

基本险(Main Risks)又称主险,为我国海上运输货物保险的主要险别。这种险别可以单独承保,无须附加在某种险别项下。主险包括:

①平安险 (Free from Particular Average,FPA)

其承保范围如表6-2所示。

平安险承保范围　　　　　　　　表6-2

序号	承 保 范 围
1	被保险货物在运输途中由于恶劣气候、雷电、海啸、地震、洪水等自然灾害造成整批货物全部损失或推定全损
2	由于运输工具遭受搁浅、触礁、沉没、互撞、与流冰或其他物体碰撞,以及失火、爆炸等意外事故造成货物的全部或部分损失
3	在运输工具已经发生搁浅、触礁、沉没、焚毁意外事故的情况下,货物在此之前后又在海上遭受恶劣气候、雷电、海啸等自然灾害所造成的部分损失
4	在装卸或转运时由于一件或数件整件货物落海造成的全部或部分损失
5	被保险人对遭受承保风险的货物采取抢救、防止或减少货损的措施而支付的合理费用,但以不超过该批被救货物的保险金额为限
6	运输工具遭遇海难后,在避难港由于卸货引起的损失以及在中途港、避难港由于卸货、存仓以及运送货物所产生的特别费用
7	共同海损的牺牲、分摊和救助费用
8	运输契约订有"船舶互撞责任"条款时,根据该条款规定应由货方偿还船方的损失

②水渍险(With Average or With Particular Average,缩写为WA或WPA)

其承保范围除包括平安险的各项责任外,还承保被保险货物由于恶劣气候、雷电、海啸、地震、洪水等自然灾害所造成的部分损失。由此可见,水渍险的承保范围要大于平安险的承保范围,即在平安险的基础上再加上因自然灾害造成的货物部分损失也负责给予赔偿。

③一切险(All Risks)

一切险所承保的风险,除包括上述平安险和水渍险的各项责任外,还负责被保险货物在运输途中由于一般外来原因所致的全部或部分损失。具体说,一切险是平安险、水渍险和一般附加险的总和,但不包括特殊附加险(战争、罢工风险)和特别附加险(甲板风险和拒收风险等)。而一般附加险包括偷窃、提货不着险、淡水雨淋险、短量险、混杂玷污险、渗漏险、碰损破碎险、串味险、受潮受热险、钩损险、包装破裂险和锈损险等11种险别。

(2)附加险

附加险(Additional Risks)指被保险人在投保了主险的基础上附加承保的一种险别,不能单独投保。附加险又分为普通附加险、特别附加险和特殊附加险。

①普通附加险(General Additional Risks)

普通附加险又称一般附加险。我国海上运输货物保险承保的普通附加险共11种。投保了一切险,无须再加保普通附加险,因为一切险已将其责任包括在内。

②特别附加险(Special Additional Risks)

我国特别附加险目前主要有6种险别,不属于一切险责任范畴,不能单独投保,必须附于主险下。

③特殊附加险(Specific Additional Risks)

特殊附加险包括战争险和罢工险,同特别附加险一样,不属于一切险责任范畴,不能单独投保,必须附于主险下。

(3)特种货物保险

特种货物保险是专为运输特殊货物而设置的,目前这种专门的保险只有两种:海上运输冷藏货物保险和海上运输散装桐油保险。

3)海上运输货物保险的险别选择

海上运输货物保险的险别有多种形式,不同的险别所获得的保险保障是不同的,被保险人交付的保险费也是不同的,被保险人获得保险保障越大,支付的保险费越高,所以对于被保险人来说,在投保时选择恰当的保险险别是非常重要的。就被保险人的利益来说,既要考虑能获得所需的保险保障,又要恰当节省保险费的支出。被保险人要根据货物的种类、性质、特点、包装情况、运输方式、运输路线以及港口等不同情况来选择保险险别。保障范围最广的不一定是最好的保险,投保符合实际需要的保险,才是最好的保险。

(1)货物的种类与性质

货物的种类及其性质是考虑投保险别的首要因素。例如粮油食品类货物,这类货物一般都会有水分,经长途运输,水分减少就会短量,水分增加就会发生霉烂。投保时可以选择在水渍险的基础上加保短量险和受潮受热险,也可以投保一切险。再如轻工业品类货物的最大特点就是易破碎,应在平安险或水渍险的基础上加保破碎险。

(2)包装情况

一般来说,货物的包装方式和包装材料会直接影响到货物的毁损。目前非大宗货物都是装在集装箱内运输的,在一定情况下减少了因包装问题带来的货物损毁。即使这样,但仍无法避免运输途中的损害。投保人应该根据货物包装的情况来选择险别。

(3)运输距离和路线

在海上保险中,肯定是通过海上运输形式运输货物,所以主要考虑的是运输的距离和路线等问题,运输距离越长,风险自然就越大。不同的运输路线,被保险货物承担的风险也不同。例如货物出口到日本与出口到北美洲相比,两者在距离上和风险上是不能同日而语的。

(4)港口情况

港口的情况对于选择保险险别也是有影响的。在世界的某些港口,装卸效率低,野蛮装卸使得货物容易受损,需要投保一切险。有些港口偷窃现象十分严重。当货物卸离海船后堆放在码头,等待运送到其他地方仓库时,货物被偷窃机会增多,这就需要投保"偷窃提货不着险"。当货物出口到经常下雨的地区时,就应加保"淡水雨淋险"。根据货物起运港或卸货港的实际情况选择合适的险别投保是十分重要的。

(5)合同的规定

被保险人在选择保险险别时,不但要考虑以上因素,更重要的是依据贸易合同的规定来投保。例如在 CIF 贸易合同下,如果合同规定投保一切险加保战争险,作为卖方的被保险人不能考虑节省费用而选择较低保障的保险险别。同样假如合同没有明确规定,根据 INCO-

TERMS 2000 的规定,被保险人可以选择最低的险别投保。

4. 技能训练

(1)准备。将学生分为三组:一组负责投保平安险,要求掌握平安险的承保范围;一组负责投保水渍险,要求掌握水渍险的承保范围;一组负责投保一切险,要求掌握一切险的承保范围。三组分别分析案例,得出结论。

(2)步骤。教师讲解本项目情景知识;各小组掌握相关知识;每组派一位代表总结陈词;教师现场指导打分,并综合评价。

(3)注意事项。一丝不苟,认真分析;及时打分点评。

二、我国海运进出口货物保险的基本做法

在国际贸易实务中,由于买卖双方采用的贸易术语不同,有些进出口货物是按带保险条件的 CIF 成交,也有些进出口货物是按不带保险条件的 FOB 或 CFR 成交,由于保险的对象不同,进出口货物保险的做法也有所不同。凡买卖合同规定由我方办理货物运输保险时,应按有关规定向中国人民财产保险公司或其他保险公司办理投保手续。

1. 我国海运出口货物保险的基本做法

出口货物如按 FOB 或 CFR 条件成交,应由买方办理投保手续,我国出口方无须办理货物运输保险。如按 CIF 条件成交,应由我国出口方及时向有关保险公司逐笔办理运输投保手续。

具体做法:根据买卖合同或信用证的规定,在备妥货物后和确定装船出运时,按规定格式填制投保单。被保险人投保申报的情况必须属实,投保险别、币制与其他条件必须和信用证上所列保险条件的要求相一致,投保险别和条件要和买卖合同上所列保险条件相符合。投保后发现投保项目有错漏,要及时向保险公司申请批改,如保险目的地变动、船名错误以及保险金额增减等。

保险公司审查后如同意承保,便出立保险单(或其他保险凭证),以作为其接受保险的正式凭证。该凭证是出口方向银行议付货款所必备的单证之一,也是被保险人索赔和保险公司理赔的主要依据。

在保险人出立保险单后,投保人如果需要更改险别、运输工具、航程、保险期限的扩展和保险金额等,应向保险公司或其授权的代理人提出批改申请。保险公司或其授权的代理人如接受这项申请,应立即出立批单,作为保险单的组成部分。此后,保险公司即按批改的内容负责。

参照国际保险市场的一般习惯做法,中国人民财产保险公司承保出口货物的保额一般也按 CIF 价再加成 10% 来计算,即按 CIF 发票金额的 110% 计算。如由于不同货物、不同地区、不同时期的期得利润不一,买方要求保险加成超过 10%,也可酌情考虑。这项保险加成可作为买方的期得利润和有关费用看待。

2. 我国海运进口货物保险的基本做法

我国进口货物如按 CIF 条件成交,应由卖方办理货物运输保险事宜。如按 FOB 或 CFR 条件成交,由国内各进口方负责向有关保险公司办理保险。为了简化保险手续,通常各进口方同保险公司签订海运进口货物预约保险合同。凡不带保险条件成交且批量的进口货物,按这种预约保险合同办理保险比较有利于投保人。

根据海运进口货物预约保险合同的规定,投保人在得悉每批货物起运时,应将船名、开航日期及航线、货物品名及数量、保险金额等项内容,书面定期通知保险公司,即作为向保险公司办理了投保手续,保险公司就应对此负自动承保的责任,如果投保人未按预约保险合同规定办理投保手续,则货物发生损失时,保险公司不负赔偿责任。

根据预约保险合同规定,我国进口货物的保险金额,原则上一般按 CIF 价计算。

思考练习

1. 简答题

(1) 简述海上运输货物平安险的承保范围。

(2) 普通附加险主要包括哪些险?

2. 案例分析题

我某进出口公司以 CIF 价格向非洲某国出口小麦一批,由于当地存在部族冲突等不安定因素,故进口商要求卖方投保一切险,加保战争险。该批货物顺利运抵对方港口后,卸船暂储码头上,拟于第二天转运至买方仓库。卸货当晚,发生当地两部族之间的武装冲突,致使该批货物部分被毁。买方向保险公司提出赔偿要求,保险公司拒绝赔偿。

问:保险公司的做法有无道理,为什么?

项目三 国际多式联运责任保险业务

教学要点

(1) 明确国际多式联运责任保险的概念与特征;

(2) 掌握国际多式联运责任保险实务。

教学方法

可采用讲授、情景教学、案例教学和分组讨论等方法。

一、国际多式联运责任保险概述

1. 情境设置

2010 年 12 月 22 日,国外某 A 公司向我国 B 公司订购了 4000 套液晶显示器组件,要求用集装箱运输,该订单下货物分两个集装箱运往国外。2011 年 1 月,B 公司向具有多式联运经营人资质的 C 公司订舱,委托其运输这两票货物,C 公司收取运费并为这两票货物签发了两份多式联运提单,提单显示货物交接方式是 CY TO DOOR。C 公司委托实际承运人 D 公司从上海港通过海运方式将货物运至美国西雅图港,再经西雅图港由铁路和陆路运至最终交货地纽约。在货物运输途中,第一箱货物因 C 公司管货不当损毁;第二箱货物在到达目的地之后,被 C 公司无单放货。所幸 C 公司投保了责任险,面对货主的索赔,并没有损失很多。

想一想

- （1）什么是国际多式联运责任保险？它与货运险的区别是什么？
- （2）国际多式联运责任保险的保险人和险种如何选择？
- （3）国际多式联运责任保险如何索赔？

2. 技能训练目标

掌握国际多式联运责任保险的概念，以及国际多式联运责任保险的保险人和险种的选择，同时明确国际多式联运责任保险的承保范围。

3. 相关理论知识

1）国际多式联运责任保险的含义与特征

责任保险是以被保险人因过失或侵权对第三方造成伤害，依法应承担的赔偿责任为保险标的的保险。国际多式联运责任保险通常是指多式联运经营人对因多式联运过程中产生的货物损坏或灭失等而向货主承担的赔偿责任所进行的保险，并不包括第三人（除多式联运经营人和货主以外的人）责任险。当然，多式联运经营人的责任保险所承担的风险，取决于他签发的提单中所规定的责任范围。

2）国际多式联运责任保险的保险人选择

（1）保赔协会。不同于一般的商业保险公司，保赔协会是以"相互保险"的原则进行运作，会员之间彼此承保对方的风险，不以赢利为目的，成立的宗旨是最大限度地分担会员的经营和操作风险。保赔协会提供完整的保险计划，承保范围涵盖运输业的各个环节，充分保障企业的财政风险和可能的赔偿责任。

（2）商业保险公司。保险公司是采用公司组织形式的保险人，经营保险业务。保险关系中的保险人，享有收取保险费、建立保险费基金的权利；同时，当保险事故发生时，有义务赔偿被保险人的经济损失。

保赔保险合同和商业保险合同的差异可以参见表6-3。

保赔保险合同和商业保险合同的差异　　　　　　　　　　　表6-3

项　目	保 赔 协 会	商业保险公司
经营目的	非营利性	利润最大化
董事会	来自会员且由会员选举	由股东选举，受股东利益支配
主要业务	以责任风险为主	以货物或财产险为主
保险合同	入会证书	主要是保险单
保费或会费	会费不固定，受缴纳会费或返还额约束——互助	保险费是固定的
合同关系	协会/会员	供应商/客户

3）国际多式联运责任保险的保险险种选择

（1）联运保赔协会（TT Club）的运输经营人责任保险。TT Club为运输经营人提供一套完整的责任保险计划，承保经营人所产生的各种合同责任和法律责任。其承保对象为国际货运代理、无船承运人（NVOCC）、空运承运人、多式联运经营人、物流公司、集装箱货车运输公司、堆场和集装箱货运站（CFS）。基于行业的特性，运输经营人为客户所提供的服务是多种多样而不尽相同的。

 联运保赔协会

> TT Club（Through Transport Club，联运保赔协会）是一家专业为货运代理、无船承运人（NVOCC）、物流公司、港口及码头经营人和集装箱运输公司提供责任保险及风险管理服务的互保协会。TT Club成立于1968年，拥有四十多年的承保经验、世界一流的服务团队和全球化的理赔网络。目前，该协会在150个国家拥有7500家运输会员企业，年会费总收入超过2.5亿美元。

（2）货代责任保险中的提单责任险或无船承运人责任险。

（3）物流责任险。物流责任险可以为客户提供经营第三方物流业务过程中的全面保障，是一种契合现代物流业发展潮流的新型保险产品。随着我国经济的持续稳定快速增长、电子商务的兴起以及加入世贸组织后对外开放政策的进一步深化，国内物流业发展掀起高潮。为满足物流规模扩大和物流业对保险日益迫切的市场需求，中国人民财产保险股份有限公司根据现代化物流的特点，从实际需要出发，为物流企业提供新的承揽全程、责任全面的各种保险产品，这为现代物流业抵御风险提供了可靠的保障。

4）国际多式联运责任保险的承保范围

（1）货物的错送与误投的赔偿责任。由于在集装箱货运站的搬运错误，本来应该向A地投送的集装箱却被送到了B地；或者，本应在C港卸下的集装箱却被送到D港。像这样的将联运集装箱错投误送的现象是十分普遍的。因此，集装箱保险公司对有关错投、误送事件发生后的事故处理与改正手续所需的各项费用（如运费、搬运费、保管费等）也予以承保。

（2）业务上的过失赔偿责任。多式联运经营人有时会在制定和签发联运单证方面犯一些业务性的过失，或是在货物运输方面误解了货主的意图，或是违反了有关货物进出口运输的规则等。对于经营人因此而承担的赔偿责任，保险公司也予以承保。

（3）延迟责任。集装箱多式联运是由海上、陆上各运输区间，以及联结这些区间的集装箱港站和仓库等构成的长距离、多环节的门到门运输，很显然，运输过程中的任何一环出了问题，就会引起连锁反应，致使全部运输延迟。在联运中，有的合同规定，对于延迟，要按运费的一定比例甚至是一定倍数的金额限度向货主支付违约金。对于这种由延迟而支付的违约金费用也可以得到保险赔偿。

4. 技能训练

（1）准备。学生每5人为一个项目组，每个项目组讨论本部分内容的学习情境，讨论之后选出一名学生，为案例中的多式联运经营人选择一种投保形式；课前准备相关案例；教师现场指导，并适时打分记录。

（2）步骤。教师讲解本项目情景知识；各小组掌握相关知识；每组派一位代表为案例中的多式联运经营人选择一种投保形式，以巩固所学知识；教师现场指导打分，并综合评价。

（3）注意事项。一丝不苟，认真分析；及时打分点评。

二、国际多式联运责任险索赔操作流程

图 6-1 显示了国际多式联运责任险的索赔操作流程。

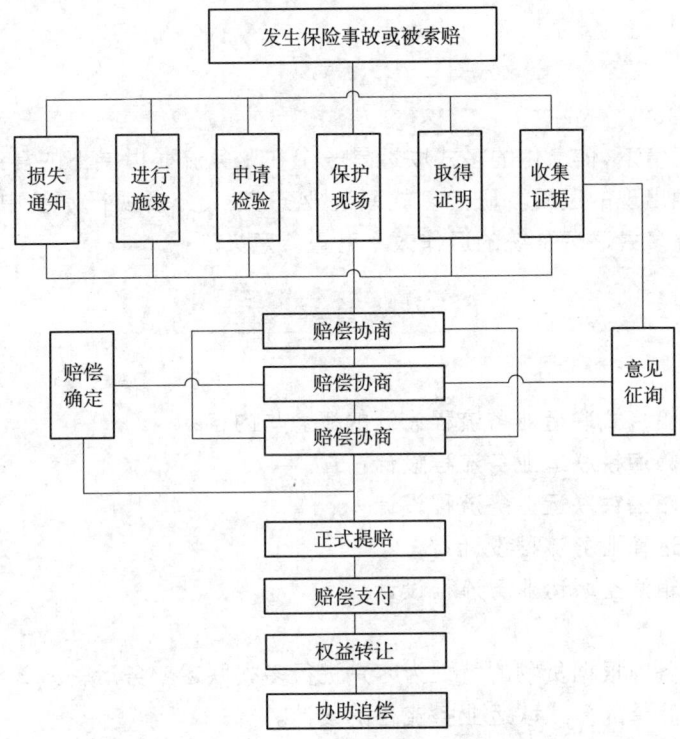

图 6-1 国际多式联运责任险索赔操作流程图

思考练习

1. 简述题
(1) 国际多式联运责任保险的险种有哪些?
(2) 国际多式联运责任保险的承保范围有哪些?
2. 思考题
(1) 国际多式联运责任保险与货运险的区别是什么?
(2) 试绘制国际多式联运责任保险的索赔流程图。

任务七　集装箱多式联运业务流程设计

内容简介

在电子商务环境下，信息化的多式联运是一个在业务流程指导下的复杂的物流、资金流和信息流相互交融出现的过程。研究多式联运业务流程、分析现行系统中的问题和寻求解决方案对有效提高多式联运系统的运作效率有重要意义。

教学目标

1. 知识目标

（1）了解集装箱多式联运业务流程设计的概念与内容；
（2）了解集装箱海铁联运业务流程设计；
（3）了解集装箱公铁联运业务流程设计；
（4）了解陆桥运输业务流程设计；
（5）了解集装箱海空联运业务流程设计。

2. 技能目标

（1）能够在实务中根据货物的特性为客户进行多式联运业务运输方式组合；
（2）能够进行简单的多式联运业务流程的设计。

案例导入

业务流程重组最早是由美国的 Michael Hammer 和 Jame Champy 提出，在20世纪90年代达到了全盛的一种管理思想。强调以业务流程为改造对象和中心、以关心客户的需求和满意度为目标、对现有的业务流程进行根本的再思考和彻底的再设计，利用先进的制造技术、信息技术以及现代的管理手段，最大限度地实现技术上的功能集成和管理上的职能集成，以打破传统的职能型组织结构，建立全新的过程型组织结构，从而实现企业经营在成本、质量、服务和速度等方面的巨大改善。

关于BPR的定义有较多的提法，较全面的BPR定义是指通过资源整合、资源优化，最大限度地满足企业和供应链管理体系高速发展需要的一种方法，它更多地体现为一种管理思想，已经远远超出了管理工具的价值，其目的是在成本、质量、服务和速度等方面取得显著的改善，使得企业能最大限度地适应以顾客、竞争、变化为特征的现代经营环境。

引导思路

（1）讨论业务流程重组的核心思想是什么？
（2）业务流程重组对于多式联运业务的开展有什么作用？

项目一　集装箱多式联运业务流程设计的概念及内容

教学要点

(1) 了解集装箱多式联运业务流程设计的概念；
(2) 了解集装箱多式联运业务流程设计的内容。

教学方法

可采用讲授、情景教学、任务引领、案例教学和分组讨论等方法。

1. 情境设置

某货运代理企业 A 接到一票大宗普通货的出口业务，从上海到美国纽约，客户要求货代公司设计一个业务流程供其参考。业务员王明接受了该任务，那么王明该怎样按照客户的需要来完成具体工作呢？

想一想

- (1) 大宗普货从上海到纽约适宜的运输方式是什么？
- (2) 如何根据客户的需求，帮他设计合理的业务流程呢？

2. 技能训练目标

掌握集装箱多式联运业务流程设计的概念；能够初步帮助客户按照货物的特性找出最适合的多式联运优化运输方案。

3. 相关理论知识

1) 业务流程设计的概念及内容

业务流程设计是指根据市场需求与企业要求调整企业流程，包括设计、分析和优化流程。设计阶段主要包括两项任务：其一，透视现有流程质量；其二，根据当前市场需求调整现有业务流程。对于这两项任务来说，必须基于一套统一的方法和统一的描述语言。设计阶段要解决"何人完成何种具体工作，以何种顺序完成工作，可以获得何种服务支持，以及在流程中采用何种软件系统"等问题。分析过程中，我们可以掌握流程在组织、结构及技术方面存在的不足，明确潜在的改进领域。设计阶段的目的是根据分析结果并结合企业目标制定目标流程，并在 IT 系统中实施有助于今后为企业创造价值的目标流程。

企业业务流程设计是建立在系统思考分析的逻辑上的，采用系统一体化方法。美国学者彼得·圣吉在其名著《第五项修炼》一书中所说的"第五项修炼"就是"系统思考"。企业学会整体运作的思考方式，才能提升组织整体运作的质量。系统分析是为完成组织预定目标对组织所做的总体整合的分析。系统一体化方法以整个流程为对象，强调的是企业为完成预定目标所做的整体的成功，局部的价值完全由它们提高整体成功的程度而定。换句话说，企业运作一体化关注的是整体最优，而不是局部最优。

BPR

1990年,美国MIT的Hammer教授首先提出业务流程重组(Business Process Reengineering,BPR)的概念。

业务流程设计涉及信息、需求、预测、计划、采购、生产、仓储、运输和交付等的全过程。业务流程设计的目的是要按尽可能低的成本、最快的速度支持业务活动,以时间为基础的流程优化,以增值和反应速度为基准。

2)集装箱多式联运业务流程设计的概念

基于以上对于业务流程设计的分析和了解,集装箱多式联运业务流程设计大致可定位为"为能向客户提供最优质和优化的集装箱多式联运服务而设计,从托运货物直至货物交付收货人为止的一系列作业环节"。

3)集装箱多式联运业务流程设计的内容

(1)发送管理。主要包括订舱、箱管、费收、报关、报检、保险业务等。

(2)在运管理。在运管理是指对运输途中的货物、人员、信息等进行实时监控和在线联系,同步掌握运输计划实施的情况和物资的现状,了解出现的问题,并及时予以正确地解决,保证客户的货物不管任何情况,都能在第一时间抵达。

(3)中转管理。当货物不能直达时就需要中转作业。中转作业对于提高运输工作质量非常有好处。

(4)交付管理。主要包括进口换单、箱管、费收、报关、报检、货损事故的理赔等业务。

4)集装箱多式联运业务流程设计的步骤

(1)设定总目标。明确战略目标并将其分解;明确流程设计的出发点;明确流程设计的基本方针;分析流程设计的可行性。

(2)分析现状,确定设计目标。外部环境分析;客户满意程度调查;现有流程状态分析;具体设计目标:确定成功标杆。

(3)设计/再造新流程。流程设计构思;确定设计路径;确定工作环节和重点;流程设计方案。

(4)新流程实施方案。确定工作计划目标与时间;责任、任务分解;监督与考核办法具体的行动策略与计划;新流程启动、检验与评价。

4. 技能训练

(1)学生每5人为一个小组,每个小组选定一名组长。

(2)以每组为单位,各小组根据客户的需求,制订出业务流程的初步规划书。

(3)其余同学对其规划书作出评价,教师对每组业务流程的设计规划书进行点评。

(4)训练时间安排:2学时。

思考练习

1. 简述题

(1)BPR全称是什么?为什么BPR是最先在美国产生的?

(2)集装箱多式联运业务流程设计的概念及内容是什么?

2. 案例分析题

某出口贸易公司与海外某客户签订一份地毯销售合同,海外客户开来的信用证注明:目的港 DUBAI,要求整箱货运输,船为 MAERK、YML 等。但是当该出口公司看到实际货物不足 $18m^2$ 时,擅自用拼箱货,并选用中远为船舶承运人。**问**:出口贸易公司的做法是否允许?如果不妥当,请为出口贸易公司拟订一份出口装运的业务流程?

3. 思考题

在我国发展集装箱多式联运中遇到的挑战有哪些?结合各种运输方式的利弊来简要分析。

项目二 集装箱海铁联运业务流程设计

教学要点

(1) 了解海铁联运业务的制约因素;
(2) 了解海铁联运的业务流程。

教学方法

可采用讲授、案例教学和分组讨论等方法。

1. 情境设置

A 公司接到一票国际集装箱整箱货铁海多式联运出口业务(CIP 价),从长沙—上海—日本。客户打电话咨询如果要办理铁海联运业务需要准备哪些资料及单证。客户希望 A 公司能够设计出一个业务流程供其取舍,请你帮助 A 公司的业务员王明一起完成本次业务流程的设计。

想一想

- (1) 目前海铁联运在我国发展的状况如何?
- (2) 海铁联运的业务流程需如何设计?

2. 技能训练目标

掌握国际集装箱铁海联运业务的出口程序及海铁联运业务的进口业务程序。

3. 相关理论知识

1) 海铁联运的目前发展现状

我国集装箱海铁联运起步较早,自 20 世纪 90 年代起,上海、宁波、连云港、青岛、大连、深圳、厦门等沿海港口,纷纷依托已开通的多条至内陆省份的"五定"班列(定价、定点、定线、定车次和定时)集装箱专线,开展海铁联运业务。10 余年来,集装箱海铁联运的大气候已在我国沿海港口形成。

目前,我国大连港/营口港—东北地区、天津港—华北/西北地区、连云港/青岛港—新亚欧大陆桥地区的集装箱海铁联运已具一定规模,成为全国最主要的三大集装箱海铁联运通道。此外,上海、宁波、厦门、广州、深圳、北部湾等港辐射华东、华南、西南地区的集装箱海铁联运规模也在逐步扩大。大连、营口、天津、连云港等 4 个港口的集装箱海铁联运运量,约占全国总量的一半左右。2010年,全国铁路完成集装箱运量425万标准箱,其中集装箱铁水联运运量162万标准箱。铁水联运这一数据与我国港口集装箱吞吐量的巨大数字相比,显得微乎其微;2010年全国港口集装箱吞吐量达到1.45亿标准箱,2011年达到1.6亿t,自2003年以来一直蝉联港口集装箱吞吐量世界第一。同时与世界海铁联运发达国家相比差距也很大。以鹿特丹等港口为例,海铁联运集装箱数量的比重达到了20%,而加拿大、澳大利亚集装箱海铁联运量一般占总量的30%以上。

2)制约海铁联运的因素

(1)运行体制存在明显障碍。我国公路、水路由交通运输部主管,铁路由铁道部主管,国际集装箱运输还涉及海关、检验检疫等监管部门等,这些并行的政府主管部门在管理规定、管理方法、管理手段以及系统运行等方面的做法和特点都有明显不同。

(2)运输组织缺乏有效协调。在运输组织方面,我国路、港、船、货等各环节自成一体,信息系统相互割裂,信息传递阻滞和重复手工操作现象严重,尤其是铁路体系与集装箱海运体系在运票、运价和违约补偿等方面明显不一致,单据、货票和业务信息内容等尚未统一,集装箱海铁联运运输组织缺乏有效协调。

(3)配套基础设施建设严重滞后。集装箱港口缺乏海铁联运枢纽或功能不完善,许多集装箱港区没有铁路装卸线,而在内陆地区缺乏按国际标准运作的集装箱铁路场站。

(4)服务市场尚未完全建立。目前,绝大多数船公司和多式联运经营人在内陆没有代理机构,而内陆的很多公司又没有国际货运代理权限。由于缺乏合适的中介机构,多式联运经营人很难报出"一口价",也很难进行各方面的衔接。

(5)价格体系不适应箱源格局和市场竞争。我国铁路运价由国家发改委管理,铁路集装箱班列运价由铁道部控制,铁路运价调整方案需层层上报,不能及时根据市场情况进行变化,调整机制很不灵活。这一价格体系与我国集装箱箱源格局和运输市场格局不相适应。

(6)信息服务系统有待完善。目前,中国铁路部门已建立TMIS和DMIS两大信息系统,基本可以在铁路内部实现信息共享。但是这两大信息系统,与港口还无法实现数据共享,存在大量的数据重复录入的现象,客户也无法通过自有终端设备及时跟踪集装箱箱体运行情况。

(7)船公司的积极性不高、铁路现状(供需、班期、商务规则)等因素,也是制约我国集装箱海铁联运快速发展的重要客观因素。比如,海铁联运的主体是船公司,船公司积极性的高低决定了联运规模的大小。一方面,内陆出口货物往往是农产品或农副产品,同样一个20英尺箱的重量可能是轻泡箱的4倍,如此船公司不得不考虑既要保证吃水适航,又要保证全部舱容的利用,如果不能同时兼顾这两个因素,船公司就可能会拒绝此类货物的订舱。另一方面,由于内陆运输条件差,集装箱周转时间长、成本高,相当一部分船公司对开展内陆联运的积极性不高。

3)海铁联运业务流程设计

(1)国际集装箱铁—海多式联运出口业务程序

国际集装箱整箱货铁海多式联运出口业务的程序包括:接受托运申请,订立合同→编制铁路计划→铁路、船公司订车、订舱→提取船公司箱→货主安排货物进场→报关→申请车皮→办理货物装车→签订多式联运提单→传递货物信息和寄送相关单证→办理货物在中转港的海关手续→货交船公司→船公司签发提单→传递相关信息及寄送相关单证。

(2)国际集装箱海—铁多式联运进口业务程序(FCA 价)

国际集装箱整箱货海铁多式联运进口业务的程序包括:接受托运申请,订立合同→船公司订舱→铁路订车→收货人通知托运人准备装船→提取船公司箱→货主安排货物进场→报关→申请车皮→办理货物装车→签发多式联运提单→传递货物信息和寄送相关单证→办理货物在中转港的海关手续→货交铁路→铁路部门签发运单→传递相关信息及寄送相关单证。

4. 技能训练

(1)学生每 5 人为一个项目组,选一名学生为组长。

(2)各组通过理论知识,以组为单位,讨论目前我国海铁联运发展的制约因素是什么?

(3)以组为单位完成讨论结果,每组派一位代表陈述结果。

(4)训练时间安排:1 学时。

思考练习

1. 简述题

(1)制约我国集装箱海铁联运的主要因素有哪些?

(2)在目前我们国家要发展海铁联运需要解决哪些问题?

2. 业务流程设计

我国某进出口公司 A 以 CIP 价格条款出口中国绿茶共 600 箱。合同约定,装货港为上海港,目的港为纽约。现该公司委托 B 物流公司承担该票货物的出口运输业务,请你以 B 公司的身份为 A 公司设计一份业务流程结构图,并用文字标明步骤。

3. 思考题

集装箱海铁联运业务,我国和美国等国相比,为什么发展较为滞缓?

项目三 集装箱公铁联运业务流程设计

教学要点

(1)了解集装箱公铁联运业务的特点、概念及经营前景;

(2)熟悉集装箱公铁联运业务协作的方式。

教学方法

可采用讲授、案例教学和分组讨论等方法。

1. 情境设置

(1)2009 年,杭州市物流龙头企业巨化集团运输分公司汽车运输公司与铁路运输公司重组兼并,当年的货运量达到了 880 万 t,比 2008 年的 700 万 t 提高了 180 万 t。

(2)北京顺义空港物流园区中公铁联运型的良乡物流基地。基地地处北京西南、良乡卫星城境内,北起良坨铁路,南至北京城市六环路,西起京石高速,东至京广铁路,总面积约为 $4km^2$。其功能定位为大型公铁联运型物流基地。

(3)货物代理商和运输商也联合建立公铁联运公司,比如目前欧洲具有代表性的德国 Kombiverkehr、法国 Novatrans 和瑞士 HUPAC 等公司。这些公司通过 UIRR 组织(公铁联运国际联盟)与他们的全球运输运营商合作。

> **想一想**
> - (1) 以上资料给我们提供了怎样的信息？
> - (2) 公铁联运的发展前景如何？

2. 技能训练目标

(1) 掌握公铁联运业务的组织形式；

(2) 了解公铁联运业务的流程。

3. 相关理论知识

集装箱公铁联运是指根据一个公铁联运合同，采用公路及铁路两种运输方式，由全程运输经营人把货物从接管货物的地点运至指定地点交付的国内货物的运输。它是公路及铁路两种运输方式的联合运输，通常是以集装箱为运输单元，通过一次托运、一次付费、一份单据、一次保险，由公路、铁路区段承运人共同完成货物的全程运输。

1) 集装箱公铁联运的优点

(1) 手续简便、责任统一。

(2) 减少运输过程中的时间损失和货物灭失、损坏、被盗的风险，使货物运输高效快捷。

(3) 节省了运杂费用，降低了运输成本。

(4) 公铁联运还可以提高运输的组织水平，实现货物的连续运输。

(5) 改善环境，减少能源消耗、城市道路拥挤和交通事故，支持可持续发展。

(6) 发挥铁路线路和仓库的作用，提高铁路车辆的利用率。

2) 集装箱公铁联运的构成要素

构成公铁联运必须具备以下特征或基本条件：

(1) 必须具有一份公铁联运合同。该合同是全程运输经营人与托运人之间权利、义务、责任与豁免的合同关系和运输性质的确定，也是区别公铁联运与一般货物运输的主要依据。

(2) 必须使用一份公铁联运单据。该单据应满足货物全程运输过程中公路及铁路不同运输方式的需要，并按单一运费率计收全程运费。

(3) 必须是公路及铁路两种运输方式的联合运输。

(4) 是国内货物的运输，不涉及国际货物运输。

(5) 必须由一个全程运输经营人对货物运输的全程负责。该全程运输经营人不仅是订立公铁联运合同的当事人，也是公铁联运单据的签发人；在全程运输经营人履行公铁联运合同所规定的运输责任的同时，可以将全部或部分运输委托他人(分承运人)来完成，并订立分运合同，但分运合同的实际承运人与原货物托运人之间不存在任何合同关系。由此可见，公铁联运的主要特点是由全程运输经营人与托运人签订一个公铁联运合同，并由全程运输经营人统一组织全程运输，实行运输全程一次托运、一次付费、一单到底、统一理赔和全程负责。它是以方便货主为目的的货物运输组织形式。

3) 集装箱公铁联运的运作

国内集装箱公铁联运的概念很早就提出，但是长时间以来并没有得到真正地贯彻实施。

下面简要介绍北美驮背运输(TOFC)的运作过程。

基于是否拥有和经营公路拖车的不同,可以将驮背运输业务分成以下几种情况:

(1)铁路承运人拥有或租用拖车。在这种情况下,铁路承运人签发全程运输单证,自行完成门到门运输。

(2)货主拥有或租用拖车。在这种情况下,铁路承运人仅负责铁路区段的运输,而公路运输则由货主自行完成。

(3)公路承运人拥有或租用拖车。可以分成两种情况:

①公路承运人签发全程运输单证,组织门到门运输和自行完成公路运输,而铁路运输则转委托铁路承运人;

②公路承运人接受铁路承运人或货主的委托完成公路运输。

(4)货运代理人作为独立经营人,可以分成以下两种情况:

①货运代理人不拥有或租用拖车,此时,货运代理人签发全程运输单证,组织门到门运输,其具体运输分别委托公路和铁路承运人;

②货运代理人拥有或者租用拖车,此时等同于公路承运人,其运作模式与上述公路承运人相同。

4)我国集装箱公铁联运面临的问题

(1)实际操作还需探索。

(2)铁路系统多年的沉疴痼疾是最大的制约。

(3)统一管理机构的缺失和一致性政策的缺失是较为突出的问题。

(4)我国现代物流业起步较晚,高级物流人才匮乏,公铁联运的相关运输技术一直薄弱,人才的培育和成熟,也大致需要一个周期。

(5)在我国,物流经济总体发展不平衡,区域发展水平存在很大差距。

4. 技能训练

(1)学生每5人为一个项目组,选一名学生为组长。

(2)各组通过所学理论知识分析国内外公铁联运的实例。

(3)以组为单位完成讨论分析结果,每组派一位代表陈述结果。

(4)训练时间安排:1学时。

思考练习

1. 简述题

(1)集装箱公铁联运业务的发展前景如何?有何优点?

(2)国外集装箱公铁联运业务主要的协作方式有哪些?

2. 资料分析题

北上海现代物流园区东起粤秀路,西到共和新路,南临汶水路,北至场中路,占地面积达 $185hm^2$,目前规划建筑面积96.5万 m^2。该园区将与全国最大的零担货运站铁路北郊站协力合作,打造以铁路与公路无缝隙链接的公铁联运平台为核心,以城市货物配送为基础的一次受理、全程配套服务的社会化货运代理交易中心及国际物流集散中心、研发中心、商务中心。

通过对以上资料的阅读,并通过上网查询相关物流园区的信息,探讨目前我国国内发展集装箱公铁联运的优势和不足之处及改进对策。

项目四　陆桥运输业务流程设计

教学要点

(1) 了解亚欧陆桥运输的业务流程；
(2) 了解北美陆桥运输的业务流程。

教学方法

可采用讲授、案例教学和分组讨论等方法。

一、亚欧陆桥运输的主要业务流程

1. 情境设置

从连云港、日照港经陇海—兰新铁路，由阿拉山口出境直到荷兰鹿特丹构成新亚欧大陆桥。自全线贯通以来，新亚欧大陆桥已经成为连接亚太地区和欧洲的最快捷、最廉价的陆上运输通道。在区域经济国际化和国际经济结构调整的大背景下，以新亚欧大陆桥为主干，以与大陆桥相连接的铁路和公路交通网为支线，新亚欧大陆桥沿线的国家和地区构成了一个互补性很强的经济协作带。该经济带包括欧洲大陆、中亚、西亚以及中国的大部分地区，甚至有可能吸引大陆桥东端的日本、韩国、新加坡、菲律宾等国的参与。新亚欧大陆桥经济带的形成，为加速我国内陆地区的开发开放，促进东中西部地区的协调发展，促进经济带的国际经济合作，将提供很好的机遇。

想一想

- (1) 资料中介绍的陆桥运输线路你熟悉吗？
- (2) 陆桥运输在我国的多式联运发展中起了什么作用？

2. 技能训练目标

掌握陆桥运输的主要线路。

3. 相关理论知识

陆桥运输(Land Bridge Service)指利用行跨大陆的铁路作为中间桥梁，把大陆两端的海洋连接起来组成一个"海—陆—海"的连贯运输方式，是于1967年苏伊士运河关闭时开始使用的。它是多式联运中使用的一种方式。

目前，世界上较有影响的亚欧陆桥运输线有两条：西伯利亚大陆桥运输线、新亚欧陆桥运输线。

1) 西伯利亚大陆桥运输线

西伯利亚大陆桥运输从1967年开始试运营，于1971年正式开通，是采用集装箱从远东海运将货物运至俄罗斯东部港口，途经欧亚大陆的西伯利亚铁路运至波罗的海沿岸港口，将远东、东南亚和澳大利亚地区与欧洲、中东地区联结起来的国际多式联运路线。该运输线包括4种运输方式：海铁海、海铁铁、海铁公、海公空。这4种运输方式均由俄罗斯过境运输总公司担当总经营人，签发货物过境许可证，签发统一全程多式联运提单，对货物全程负责。

2）新亚欧陆桥运输线

大陆桥东起中国的连云港,西至荷兰鹿特丹港,全长10837km,其中在中国境内4143km,途径中国、哈萨克斯坦、俄罗斯、白俄罗斯、波兰、德国和荷兰7个国家,可辐射到30多个国家和地区。1990年9月,中国铁路与哈萨克铁路在德鲁日巴站正式接轨,标志着该大陆桥的贯通。1991年7月20日开办了新疆—哈萨克斯坦的临时边贸货物运输。1992年12月1日由连云港发出首列国际集装箱联运"东方特别快车",经陇海、兰新铁路,西出边境站阿拉山口,分别送至阿拉木图、莫斯科、圣彼得堡等地,标志着该大陆桥运输的正式开办。近年来该大陆桥运量逐年增长,并具有巨大的发展潜力。

4. 技能训练

(1) 学生每5人为一个项目组,选一名学生为组长。

(2) 各组通过所学理论知识,以组为单位讨论引入资料,分析陆桥运输对我国多式联运业务发展的重要性。

(3) 以组为单位完成分析结果,每组派一位代表陈述结果。

(4) 训练时间安排:1学时。

二、北美陆桥运输的业务流程

1. 情境设置

北美大陆桥运输指从日本向东,利用海路运输到北美西海岸,再经由横贯北美大陆的铁路线,陆运到北美东海岸,再经海路运箱到欧洲的"海—陆—海"运输结构。北美大陆桥包括美国大陆桥运输和加拿大大陆桥运输。美国大陆桥有两条运输线路:一条是从西部太平洋沿岸至东部大西洋沿岸的铁路和公路运输线;另一条是从西部太平洋沿岸至东南部墨西哥湾沿岸的铁路和公路运输线。北美大陆桥是世界上历史最悠久、影响最大、服务范围最广的陆桥运输线。

北美大陆桥运输对巴拿马运河的冲击很大。由于陆桥运输可以避开巴拿马运河宽度的限制,许多海运承运人开始建造超巴拿马型集装箱船,增加单艘集装箱船的载运箱量,放弃使用巴拿马运河,使集装箱国际海上运输的效率更高。

想一想

- (1) 在北美陆桥运输中共有几条运输路线?
- (2) 陆桥运输对北美地区经济发展有何影响?

2. 技能训练目标

掌握北美陆桥运输的主要业务流程中的注意事项。

3. 相关理论知识

美国幅员辽阔,内陆城市众多。目前,从远东运往美国中部、南部以及各个海湾港口的集装箱货物一般都经美国内陆运输。因此,远东至美国太平洋沿岸的集装箱运输实际上已发展到经由美国太平洋沿岸港口,将集装箱货物运至美国内陆城市,特别是美国中、西部的集装箱货物均使用多式联运方式。此种运输方式替代了原来由发货人安排的货物从港口经由铁路中转至内陆城市的运输方式,对货主来说,不仅可节省运输时间,提前交付和接收货物,而且手续简便,在货运量集中时,铁路还可给予货主一定的运价优惠。

1) OCP 运输(内陆公共点运输)

OCP(Overland Common Point)是指使用两种运输方式,将卸至美国西海岸港口的货物通过铁路运抵美国内陆公共点,并享有优惠运价。

(1) OCP 运输下的集装箱货物,卖方(发货人)承担的责任、费用终止在美国西海岸港口,货物卸船后,由收货人委托中转商持正本提单向船公司提货,并负责运抵收货人指定地点。

(2) 收货人在收到货物单证 10 天内,必须申请进口保税运输,以保证将货物最终运抵交货地。如不按时提出申请,货物即转至保税仓库,从而产生各项费用。避免这些费用支出的做法是收货人或其代理人办理由铁路公司代办运输至内陆公共点的保税申请手续。

(3) OCP 运输的集装箱货物,在买卖合同和信用证栏内应加注"OCP 运输"字样,在签发提单时,其签发要求与买卖合同、信用证要求相符。

(4) OCP 运输的集装箱货物,如使用某一船公司美国航线专用提单时,因该提单栏内只有"卸货港"、"最终交货地"两栏内容,在国内港口装船运往美国使用 OCP 运输方式而签发某一船公司专用提单时,目的港一栏内应注明"LOS ANGELES OCP"。

(5) 凡运往内陆公共点的集装箱货物,应在卸船 45 天内由收货人向铁路提供证明,如陆上运输单证、转运单、海关转运申请单等。如未在规定时间内提供上述单证或证明,货主则失去铁路给予的优惠运价。

(6) OCP 运输不是真正的多式联运,尽管全程运输使用海陆两种运输方式,但海、陆运输区段各自签单,海、陆区段运费各自计收,海、陆区段的运输责任各自划分,因此不具备多式联运一张单证、统一责任的要求。

2) MLB 运输(小陆桥运输)

MLB(Mini Land Bridge),其运输方式是使用海上运输将集装箱货物先运至日本港口,再转运至美国西海岸港口,卸船后交由铁路运抵美国东岸港口或加勒比海港口区域。我国出运到美国的集装箱货物,在使用小陆桥运输时可先将货物运至日本港口,再转运美国西海岸港口卸船后,交铁路运抵美国东海岸或加勒比海区域。

(1) 小陆桥运输是完整的多式联运,由运输经营人签发全程联运提单,并收取全程运费,对全程运输承担责任。

(2) 小陆桥运输下的集装箱货物,其提单制作应分别注明,卸船港:LONG BEACH,交货地:MLB HOUSTON。

(3) 小陆桥运输下的到岸价集装箱货物,卖方(发货人)承担的责任、费用终止于最终交货地。

(4) 小陆桥运输下的集装箱货物,运费计收应根据运输经营人在美注册的运价本收费,原则上无任何形式的运费回扣,除非运输经营人与货主之间定有服务合同(SERVICE CONTRACT),即在一定时间内提供一定货运量后,货主可享有一个较低运价。

(5) 在按服务合同收运费,而货物托运人是无船承运人时,小陆桥运输的集装箱货物应出具两套提单:一套是无船承运人签发给货主的 HOUSE-B/L;另一套则是船公司签发给无船承运人的 MEMO-B/L。前者给货主用于结汇,后者供无船承运人在美国的代理凭其向船公司提货。

3）IPI 运输（内陆公共点多式联运）

与 MLB 运输相比较，IPI（Inter Point Inter-Modal）小陆桥运输下的集装箱货物，其抵达区域是美国东海岸和加勒比海区域，而 IPI 运输方式则将集装箱货物运抵内陆主要城市。两者的运输方式、运输途径、运输经营人的责任和风险则完全相同。但与 OCP 运输相比较，IPI 是完整的多式联运，而 OCP 运输则不是完整的多式联运。

（1）在 IPI 运输方式下，其提单缮制时应写明内容。如，卸货港：LONG BEACH，交货地：IPI MEMPHISTN。

（2）运输经营人承担的责任从接收货物时起至交付货物时止，即对全程运输负责。

（3）IPI 运输方式下的集装箱货物，在到岸价的情况下，卖方（发货人）承担的责任、费用终止于最终交货地。

（4）IPI 运输尽管使用两种不同运输方式，但使用同一张货运提单，并收取全程运费。

4. 技能训练

（1）学生每 5 人为一个项目组，选一名学生为组长。

（2）各组通过所学理论知识，以组为单位讨论引入资料，分析北美陆桥对我国多式联运业务发展的启示作用。

（3）以组为单位完成分析结果，每组派一位代表陈述结果。

（4）训练时间安排：1 学时。

思考练习

1. 简述题

（1）陆桥运输主要有哪些线路？

（2）MLB、OCP、IPI 有何异同？

2. 资料分析题

中远集团——北美大陆桥运输业务

在跨越 4500 多公里的美、加东西部，有数条铁路线，从太平洋岸到大西洋岸。美国柏灵屯铁路公司，每日从西雅图港开出 8 列双层列车，能连接美国其他铁路，妥善地回转集装箱，年运量达 30 余万标准箱。铁路公司可以帮助组织回头货源，整个大陆桥运输快捷，跨越美国西东两岸，从西雅图—纽约或孟菲斯运行时间仅 100 小时，从西雅图至芝加哥为 62 小时。北美另一家铁路公司，加拿大太平洋铁路公司（CP Rail System）也经营北美陆桥运输，经营铁路线里程达 11850km，采用双层平板车运输进出口集装箱。服务的线路有温哥华港—多伦多、蒙特利尔，温哥华—芝加哥等。列车运行时间分别为 110 小时和 70 小时。年运量达 20 余万标准箱。

中远集团已开辟中国—长滩、奥克兰，中国—西雅图、温哥华，以及中国美东航线，均为每周一班，采用大型集装箱干线班轮，3500TEU 大型集装箱船已投入营运，世界最大的 5250TEU 集装箱船也将投入该航线营运，年运量达数十万标准箱。其运输货物大多为运往北美内陆的消费品，并利用北美大陆桥进行转运，开展门—门的国际集装箱多式联运。

通过上述资料的阅读，分析我国目前北美陆桥运输的现状。

3. 业务流程设计题

现某出口公司 A 需要从上海—西雅图—底特律运送一批汽车零配件。请你帮客户分析运输路线，并帮助客户设计一个合理的业务流程。

项目五　集装箱海空联运业务流程设计

教学要点

（1）了解集装箱海空联运业务流程；
（2）为客户设计简单的集装箱海空联运业务流程。

教学方法

可采用讲授、案例教学和分组讨论等方法。

1. 情境设置

哪些客户适合这样的运输方式？

（1）当走海运货物由于不可估计的原因而影响了交货时间，但是走空运费用太高，并且发货人一定要在指定时间内交到收货人手上才可免除赔偿责任的时候。而海空联运时间上比空运（7天）慢一周时间而比海运（30天）快两周时间。

（2）当走空运的发货人备齐空运货比预定时间早一周，这样就可以采取海空联运来节省运费（注：海空联运的运费是正常空运费用的60%）。

（3）当大票货物走空运的时候，就会产生订舱难、付款紧张的情况。而走海空联运，舱位可以保证，付款时间可以延长到10日内付款。

想一想

- （1）从某公司的网站上对客户选择海空联运方式的建议中，你对海空联运有了一个基本概念吗？
- （2）你了解目前我国的海空联运业务吗？

2. 技能训练目标

掌握集装箱海空联运业务的主要运输路线及业务流程。

3. 相关理论知识

1）集装箱海空联运的定义

海空联运又被称为空桥运输（Air-bridge Service）。在运输组织方式上，空桥运输与陆桥运输有所不同：陆桥运输在整个货运过程中使用的是同一个集装箱，不用换装，而空桥运输的货物通常要在航空港换入航空集装箱。不过，两者的目标是一致的，即以低费率提供快捷、可靠的运输服务。

2）集装箱海空联运的主要运输路线

采用这种运输方式，运输时间比全程海运少，运输费用比全程空运便宜。这种联运组织形式是以海运为主，只是最终交货运输区段由空运承担。目前，国际海空联运线主要有：

（1）远东—欧洲：目前，远东与欧洲间的航线有以温哥华、西雅图、洛杉矶为中转地，也有的以香港、曼谷、海参崴为中转地。此外，还有的以旧金山、新加坡为中转地。

（2）远东—中南美：近年来，远东至中南美的海空联运发展较快，因为此处港口和内陆运输不稳定，所以对海空运输的需求很大。该联运线以迈阿密、洛杉矶、温哥华为中转地。

(3) 远东—中近东、非洲、澳洲：这是以香港、曼谷为中转地至中近东、非洲的运输服务。在特殊情况下，还有经马赛至非洲、经曼谷至印度、经香港至澳洲等联运线，但这些线路货运量较小。

3）集装箱海空联运的优势

(1) 速度快。从国内到非洲、欧洲，如果全程海运，需要至少 20 天，多时则需要 25～30 天，而海空联运到这些区域只需要 15 天左右，所以在时间上很受商家青睐，尤其是货比较急的时候。

(2) 价格相对低很多。从国内到非洲、欧洲，如果全程空运，费用会相当高，很多商家为了及时把货送到目的地，只好忍痛提高运输成本。而选择海空联运，则至少比全程空运费用低一半，所以在这样实惠的费用吸引下，也是有很多商家来选择的。

4）海空联运业务流程

(1) 订舱；

(2) 收货；

(3) 装柜；

(4) 海运货柜交运；

(5) 文件之接收与发送；

(6) 航空公司货物处置计划；

(7) 抵达空港后的货物理程序；

(8) 机场仓储作业；

(9) 空运单之输入及 EDI 传输；

(10) 空运单之填发与收费；

(11) 合约签订。

4. 技能训练

(1) 学生每 5 人为一个项目组，选一名学生为组长。

(2) 各组通过所学理论知识，以组为单位讨论引入资料，分析海空联运的优势及发展状况。

(3) 以组为单位完成分析结果，每组派一位代表陈述结果。

(4) 训练时间安排：1 学时。

思考练习

1. 简述题

(1) 集装箱海空联运业务主要有哪些线路？

(2) 集装箱海空联运业务与空运相比有哪些优势？

2. 业务流程设计题

有一票货从上海先海运到 LONGBEACH，然后再从 LONGBEACH 空运到 MANAUS。请问这票海空联运该如何操作？

任务八　国际多式联运货损事故处理

内容简介

集装箱多式联运运输方式下一旦发生货损货差事故，提赔人提出赔偿时应具备的条件，责任方在理赔时应掌握的原则以及不同运输方式下所造成货损、货差的不同原因。

教学目标

1. 知识目标

（1）了解并熟悉货损货差事故发生的原因；

（2）了解并熟悉不同运输方式下货损货差事故的异同。

2. 技能目标

（1）掌握并掌握货损货差事故处理程序和条件；

（2）掌握并掌握货损货差事故保险赔偿技能。

案例导入

糖烟酒公司 A 向某糖厂购糖，同时租 B 船进行海运，并投保海上贸易运输保险水渍险。保险合同载明标的为一级白砂糖 17000 件，计 850t，保险金额 365.5 万元。运单上"特约事项栏"未注明托运人同意白砂糖配置甲板上，但 B 船船东在装船时，将部分白砂糖配载在甲板上。在航行途中，B 船遭遇了八级大风巨浪，船身剧烈横摆，配载在甲板上的白砂糖歪至一边。为了使船能保持平衡并继续航行，船东作出决定，将甲板上的白砂糖部分抛至海中，结果到港后，白砂糖只有 14040 件，同时还有部分白砂糖受潮，包装受损、短量，于是糖烟酒公司 A 向保险公司提出索赔。

经调查，本案中承运的 B 船由渔船改装，吨位为 910t，抗风等级为八级，但其初检适航证书已过有效期，在本次航程前未做检查。

引导思路

（1）本案中，谁应对此次货损承担责任？

（2）处理货损的程序是什么？

项目一　水运货损事故处理

教学要点

（1）多式联运货损处理；

（2）关于索赔的相关知识；

（3）海上货损事故处理；

（4）水上货损事故处理。

教学方法

可采用讲授、情景教学、案例教学和分组讨论等方法。

1. 情境设置

2007年10月,原告华南进出口公司出口7.26万公斤带壳花生,自上海港海运至波兰格丁尼亚港。该批货物装载在承运人提供的五个40英尺(1ft = 0.3048m)集装箱内,上海胜利海运有限公司代承运人法国达飞轮船有限公司签发了清洁提单。原告燕丰公司为该批货物向中国人民保险公司沧州分公司投保一切险和战争险。该批货物于同年11月30日在德国汉堡港转船,实际承运人TEAMLINS签发了集装箱有缺陷的不清洁提单,2007年12月1日货物运到目的港波兰格丁尼亚,经波兰格丁尼亚卫生检疫部门对五个集装箱货物抽样检查结果显示:被检验的花生有霉变气味,霉变主要存在花生壳上,该批货物被认为不适合人类消费及不能买卖。华南公司无奈只好委托达飞公司将该批货物运回上海港销毁。

2. 技能训练目标

通过小组案例讨论、案例分析等形式掌握水运货损事故处理,了解各方责任以及索赔单证。

3. 相关理论知识

1) 多式联运中货损事故处理的一般原则

实事求是、有根有据、合情合理、区别对待和讲究实效是多式联运中货损事故处理的一般原则。

货损发生时,应根据货损原因确定索赔对象,如:货物质量,品种,规格与合同不符,向发货人索赔;在目的地交付时,发现货物数量少于提单上列明的数量时,向承运人索赔;在承保责任范围内,保险人应予赔偿的损失,以及由于自然灾害或意外原因等事故使货物遭受损害时,向保险公司索赔。

想一想

1. 海运货损的定义;
2. 海运货损的处理。

不论是哪一种原因发生的索赔案,也不管是向谁提出索赔,一项合理的索赔必须具备下列条件:

资料卡   **索赔时应具备的单证**

1. 索赔申请书;
2. 提单;
3. 货物残损检验证书;
4. 货物残损单;
5. 索赔清单。

另外,提出索赔时应出具的单证还有商业发票、短损单、修理单等。

(1) 提赔人要有正当提赔权。

货物所有人、提单上记载的收货人或合法的提单持有人、货运代理人或其他有关当事人才有提赔权。

（2）责任方必须负有实际赔偿责任。

索赔方提出的索赔并非都一定能得到赔偿，如属于承运人免责范围之内的，或属保险人承保责任外的货损，在很大程度上是不能得到赔偿的。

2）海运货损事故处理

（1）货损事故的确定。

当收货人提货时，如发现所提取的货物数量不足，外表状况或货物的品质与提单上记载的情况不符，则应根据提单条款的规定，将货物短缺或损坏的事实，以书面的形式通知承运人或承运人在卸港的代理人，以此提出索赔的要求。如果货物的短缺或残损不明显，也必须在提取货物后的规定时间内，向承运人或其代理人提出索赔通知。

资料卡　　　　　　　　　　　海运中使用的主要货损索赔单证

1. 索赔申请书或索赔清单；
2. 提单；
3. 过驳清单或卸货报告；
4. 货物残损单和货物溢短单；
5. 重理单；
6. 货物发票、修理单、装箱单、拆箱单。

在海运货损事故索赔或理赔中，提单、收货单、过驳清单、卸货报告、货物溢短单、货物残损单、装箱单、积载图等货运单证均可作为货损事故处理和明确责任方的依据，对海上承运人来说，为保护自己的利益和划清责任，应该妥善处理这些单证。

货运事故发生后，收货人与承运人之间未能通过协商对事故的性质和程度取得一致意见时，则应在共同同意的基础上，指定检验人对所有应检验的项目进行检验，检验人签发的检验报告是确定货损责任的依据。

（2）权益转让。

货物在海上运输过程中一旦发生灭失或损害，此项货物灭失或损害系由承运人的过失造成时，通常由收货人向承运人提出索赔，但有时也由收货人根据提货单或保险合同，直接向保险人提出赔偿。当收货人从保险人那里得到赔偿后，则通过签署一份权益转让证书，将向承运人提出的索赔权利转让给保险人，保险人凭以向承运人进行索赔。

（3）担保与扣船。

如货损确由承运人的过失造成，责任已明确，证据也充分，且损害金额较大。为保证索赔得以顺利了结，可在船舶离港前采取保全措施，要求船方提供担保。这种担保分现金担保、银行担保、担保函三种方式。

现金担保由承运人或船东保赔协会汇给索赔人一定数额的现金作担保，以后的索赔款项可在保证金内支付。银行担保和担保函都是书面担保形式，前者由银行出具，后者一般由船东保赔协会出具。

如受损方认为通过正常途径不能取得担保,则可采取扣船措施,即在责任方(承运人)未提供担保前,向法院或有关当局申请扣押船舶,不准船舶离港。

(4)索赔的受理与审核。

在索赔和理赔过程中,受损方要想获得赔偿,必须予以举证,而责任方企图免除责任或减少责任,则必须予以反举证和举证,直到最终确定责任。

理赔工作主要审核的内容有:

①索赔的提出是否在规定的期限内,如果期限已过,提赔人是否已要求展期;

②提出索赔所出具的单证是否齐全;

③单证之间有关内容是否相符;

④货损是否发生在承运人的责任期限内;

⑤船方有无海事声明或海事报告;

⑥船方是否已在有关单证上签字确认;

⑦装卸港的理货计数量是否准确。

(5)索赔金的支付。

通过举证与反举证,虽然已明确了责任,但在赔偿金额上未取得一致意见时,则应根据法院判决或决议支付一定的索赔金。

3)水运货损事故处理

(1)货损事故记录编制。

由交通部统一规定的事故记录有三种,即货运记录、港航内部记录和普通记录,如表8-1所示。

水运货损事故编制情况表 表8-1

货损事故记录编制	编制情况
货运记录	货物品名、件数、标志与运单记载标志不符
货运记录	货物灭失、短少、变质、污染、损坏
货运记录	有货无票或有票无货的情况
港航内部记录	货物的灭失、损坏、污染、腐烂、变质
港航内部记录	件数溢短、单货分离、单货不符
港航内部记录	标志脱落或不清,包装破损或经过整修
普通记录	非属承运人责任的货物灭失、短少、变质、污染、损坏和内容不符
普通记录	托运人随附在货物运单上的单证丢失
普通记录	托运人派人押运的货物和押运货物发生非属承运人责任所造成的损失
普通记录	收货人要求证明与货物数量、质量无关的其他情况

(2)货损事故的处理。

下列原因引起的货运事故,水运部门不承担任何赔偿责任:

①不可抗力;货物的自然特性和潜在缺陷。

②货物自然耗损或合理耗损,以及托运人确定货物重量不准确所致。

③包装不牢或包装材料不足;标志不清、漏列。

④非水运部门责任造成的损失。

⑤托运人自行押运货物,因照料不当造成损失以及动物疾病、死亡等。

⑥经承运人举证或经合同管理机关查证非属承运人过失造成的损失。

水运货损事故处理的时效,自货运记录编写的次日起 180 天,受理人应在接到索赔要求 60 天内作出答复。货损赔偿金额原则上按实际损失金额确定。

4. 技能训练

(1) 学生每 10 人为一个项目组,选一名学生为组长;

(2) 结合水运货损事故处理的程序、单证、预防等知识,分析引入案例并在课堂上展示观点;

(3) 训练时间安排:1 学时。

思考练习

1. 简答题

(1) 请简述索赔必须具备的条件有哪些?

(2) 简述海运货损事故处理。

(3) 简述水运货损事故记录编制情况。

2. 案例分析题

2010 年 12 月,原告 A 公司通过被告 B 货运代理公司为其从上海出运 2720 箱新鲜花椰菜至日本。B 代理公司代理被告 C 船公司签发了清洁海运单。收货人在目的港提货后,发现货物已经损坏。2011 年 9 月 12 日,案外人向 A 公司出具了货损款的收据及权益转让书,称已收到振兴船舶赔付的货损款,并向振兴船舶转让对涉案货物的所有权益。A 公司向法院提起诉讼,请求判令 B 代理公司以及 C 船公司赔偿货物损失、关税损失、仓储费用损失、海事检验费损失、废弃处理费损失、海运费损失。

问:法院应如何判决?为什么?

项目二 铁路货运事故处理

教学要点

(1) 铁路货运事故的概念;

(2) 铁路货运事故的处理手续;

(3) 铁路货运事故赔偿;

(4) 铁路货运事故记录编制。

教学方法

可采用讲授、多媒体展示、案例教学、案例教学和分组讨论等方法。

1. 情境设置

2000 年夏,安徽省某铁路货运场,3 名装卸工卸危险化学品硫酸。按正常程序,他们先将槽车的上出料管与输送管法兰连接好,对槽内加压。当压力达到要求后硫酸仍没流出,随后采取放气减压打开槽口大盖,进行检查,发现槽内出料管堵塞。于是3人将法兰拆开,用钢管插入出料管进行疏通。当出料管被捣通时管内喷出白色泡沫状液体,高达3m多,溅到站在槽上的3人身上和面部。由于3人均没戴防护面罩,当时3人眼前一片漆黑,眼睛疼痛难忍,经用水清洗后送往医院,检查为碱伤害。经半年多的治疗,3人视力均低于0.2不等,且泪腺受损。

> **想一想**
> 1. 应如何调查铁路货运事故?
> 2. 铁路货运事故调查后应如何安排索赔?

2. 技能训练目标

通过小组案例讨论、案例分析等形式掌握铁路货运事故处理手续,记录编制,索赔的相关知识。

3. 相关理论知识

(1) 货损事故记录编制。

货运事故记录分商务记录、普通记录、技术记录三种。

遇有下列情况之一,应编制商务记录:

①发现货物的名称、重量、件数等同运单和运行报单中所记载的事项不符;

②货物发生全部或部分灭失或损害,或包装破损;

③有货无票或有票无货;

④由国境站开启装有危险货物的车辆时。

货物运送过程中如发现上述属商务情况以外的情况时,车站应编制普通记录。普通记录不单独作为赔偿的依据。

当查明货损原因系车辆状况不良所致,除编制商务记录外,还应按该货损情况编制有关车辆状态的技术记录,并附于商务记录内。

(2) 确定事故的赔偿。

发货人、收货人均有权根据运输合同提出赔偿要求。发货人必须以书面形式向发送站提出赔偿,收货人则以书面形式向到达站提出赔偿。如果由发货人或收货人的代理提出赔偿要求时,该代理必须出示发货人或收货人的委托书,以证明这种赔偿请求权是合法的。委托书应该根据赔偿请求按铁路的法令和规章办理。

自赔偿请求提出之日(凭发信邮局戳记或铁路在收到提出的赔偿请求书出具的收据为凭)起,铁路必须在180天内审查此项请求,并对赔偿请求人给予答复。

(3) 索赔的依据及有关文件。

铁路货损索赔依据如表8-2所示。

铁路货损索赔依据　　　　　　　　　　　　　　　　　表8-2

货损情况		出具文件
货物发生全部灭失	发货人提出赔偿	运单副本
	收货人提出赔偿	同时出具运单副本或运单
货物发生部分灭失或质变、毁损时		运单以及铁路到达站给收货人的商务记录
货物发生运输延误		应由收货人提出赔偿,并提交运单

续上表

货 损 情 况		出 具 文 件
承运人多收运送费用	发货人提出	按其已付的款额向承运人追回多收部分的费用,同时应出具运单副本或铁路规定的其他有关文件
	收货人提出	根据其支付的运费为基础,同时出具运单

在提出索赔的赔偿请求书上,除应附有运单或运单副本外,在适当情况下,还需附商务记录以及能证明货物灭失、损坏和货物价值的文件。

索赔时效的计算方法

1. 关于货物损坏或部分灭失以及运输延误的赔偿,自货物交付之日或应交付之日起计算;

2. 关于货物全部灭失的赔偿,自货物按期运到后 30 天内;

3. 关于补充支付运费、杂费、罚款的要求,或关于退还此项款额的赔偿要求,则应自付款之日起计算。如未付款,应从货物交付之日起计算;

4. 关于支付变卖货物的货款要求,则应自变卖货物之日起计算。

(4) 索赔请求时效。

凡根据运输合同向铁路部门提出的索赔,以及铁路对发货人。收货人关于支付运费、罚款的赔偿要求应在 9 个月内提出,有关货物运输延误的赔偿,则应在 2 个月内提出。

4. 技能训练

(1) 学生每 10 人为一个项目组,选一名学生为组长;

(2) 前往相关企业调研,找出铁路货运事故案例,并分析案例找出解决方案;

(3) 每组派出一位代表陈述结果;

(4) 训练时间安排:1 学时。

思考练习

1. 简答题

(1) 简述铁路货运事故的定义。

(2) 简述报价货物以及非保价货物的赔偿数额。

2. 案例分析题

2003 年 12 月,宏兴甘鲜果品有限责任公司与哈尔滨隆兴有限责任公签订了一份购销合同。哈尔滨隆兴有限责任公司购买宏兴甘鲜果品有限责任公司一批柑橘,共计 5000 篓,价值 90000 元。采用铁路运输,共 2 车皮。宏兴甘鲜果品有限责任公司通过铁路承运部门投保了货物运输综合险,保费 3500 元。2003 年 12 月 25 日,保险公司出具了保险单。

2004 年 1 月,到达目的地以后,收货人发现:一节车厢门被撬开,保温棉被掀开 2m,货物丢失 120 篓,冻坏变质 240 篓,直接损失 6480 元,当时气温为 −20℃。宏兴甘鲜果品有限责任公司向保险公司索赔,但保险公司同意赔偿丢失的货物 120 篓。拒绝赔偿被冻坏的240篓。认为造成该240篓损失的原因是天气寒冷,不在货物运输综合险的保险责任范围内。

法院认为:冻坏的原因是因盗窃引起的,不是天气寒冷,故判保险公司全额赔偿,并负担诉讼费。

问:
(1)本案造成货物损害的原因有几种?
(2)对上述货损情况,应如何处理?

项目三 公路货运事故处理

教学要点
(1)通过小组讨论的方式进行案例分析;
(2)掌握公路货运事故处理的各知识要点。

教学方法
可采用讲授、情景教学、案例教学和分组讨论等方法。

1. 情境设置

2010年1月15日,某货运部与货运A公司订立货物运输合同一份,负责承运货物从上海运至深圳。运输途中,发生交通事故,货车翻车,货物受损。经交警部门勘察,货车无责任,无需承担事故责任。但是,货车翻车后的受损货物价值达八万余元。

想一想

1. 货物损失应由谁负责?
2. 怎样减少公路货运事故的发生?

2. 技能训练目标

通过小组案例讨论等形式,可以采用公路货运事故处理方法,处理一般公路货运事故。

3. 相关理论知识

1)公路货运事故处理

对下列原因造成的货损事故,公路承运人不承担赔偿责任:
(1)由于自然灾害发生的货物遗失或损坏;
(2)包装完整,但内容业已短少;
(3)由于货物的自然特性所致;
(4)因根据卫生机关、公安、税务机关有关规定处理的货物;
(5)由托运人自行保管、照料所引起货物损害;
(6)货物未过磅,发生数量短少;
(7)承托双方订有协议,并对货损有特别规定者。

> **资料卡　　公路货运事故处理责任范围**
>
> 1. 货损。货损是指货物磨损、破裂、湿损、变形、污损、腐烂等。
> 2. 货差。货差是指货物发生短少、失落、错装、错卸、交接差错等。
> 3. 有货无票。货物存在而运单及其他票据未能随货同行或已遗失。
> 4. 运输过失。因误装、误卸,办理承运手续过程中的过失,或漏装过失等。
> 5. 运输延误。已接受承运的货物由于始发站未及时运出,或中途发生变故等原因,致使货物未能如期到达。

2）货损事故记录的编制

货损货差商务事故记录的编制过程,一般根据下列要求进行:

（1）事故发生后,由发现事故的运送站或就近站前往现场编制商务记录。如重大事故,还应通知货主一起前往现场调查,分析责任原因。

（2）货物被盗,应尽可能保持现场,并由负责记录的业务人员或驾驶员根据发现的情况会同有关人员作好现场记录。

（3）对于在运输途中发生的货运事故,驾驶员或押运人应将事故发生的实际情况如实报告车站,并会同当地有关人员提供足够的证明,由车站编制一式三份的商务事故记录。

（4）如货损事故发生于货物到达站,则应根据当时情况,会同驾驶员、业务人员、装卸人员编制商务记录。

3）货损事故的赔偿

受损方在提出赔偿要求时,首先应做好赔偿处理手续。具体做法如图 8-1 所示。

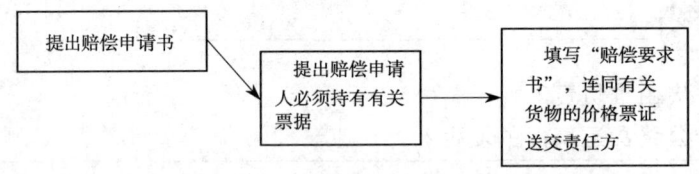

图 8-1　公路货损事故赔偿手续

在计算货损货差的金额时,主要有三种情况:

（1）发货前的损失,应按到达地当天同一品类货物的计划价或出厂价计算,已收取的运费也应予以退还;

（2）到达后损失,应按货物运到当天同一品类货物的调拨价计算赔偿;

（3）对价值较高的货物,则应按一般商品调拨价计算赔偿。

4. 技能训练

（1）学生每 10 人为一个项目组,选一名学生为组长;

（2）通过网上资料查阅或者前往企业调研,选定一公路货运事故,运用课堂所学知识,进行评述;

（3）每组派出一名代表进行展示;

（4）训练时间安排:1 学时。

思考练习

1. 简答题
（1）简述发生公路货运事故的主要原因。
（2）简述公路承运人责任范围。
（3）简述公路货运事故定义。

2. 案例分析题

2007年1月21日，原告A公司委托被告将17台松下电视机运至广东省东莞市。被告接受委托后用汽车运输原告的电视机，途中发生交通事故，造成原告所托运的电视机中16台损坏。经交警认定被告应负事故全部责任。之后，原告多次找被告协商赔偿事宜，但无法达成协议。为此，依法起诉要求法院判令被告按受损电视机的进货价赔偿原告货物损失30188.19元，并赔偿可得利润损失3018元，合计33206.19元。

被告辩称：原、被告已在货物托运合同中约定："托运人必须委托承运人保险，如发生丢失和损坏，按保险条例赔偿……""如托运人未委托承运人投保，如发生丢失和损坏，按运费的三倍赔偿。"由于原告签订合同后，未委托被告办理货物保险手续，因此原告的电视机在运输途中受损，被告只需按运费的三倍进行赔偿即可。原告要求被告赔偿全部损失没有依据，被告无法接受。

问：法院应如何判决？

项目四 陆桥运输业务流程设计

教学要点

（1）熟悉货物不正常运输的种类及处理方法；
（2）对变更运输、无法交付货物以及货物赔偿有一定了解。

教学方法

可采用讲授、案例教学和分组讨论等方法。

1. 情境设置

（1）MU5302 长沙—上海。在目的站核对货物时，发现多收了一件长沙到杭州的货物，该货物未显示在货邮舱单上。上海航站应该如何处理？

（2）CA1201 北京—西安。在目的站核对时，发现多了一票北京至天津的运单，该航班上没有此票货物，西安航站该如何处理？

（3）CA1202 西安—北京。航班起飞后，西安发现一票西安—青岛的货物被装上该航班，西安航站楼该如何处理？

（4）一票从北京运往巴黎中转马耳他的货物，货运单号 999－45678945，34件256kg，2010年1月26日 XX978 航班运往巴黎，KM456/20MAR09 转运目的地。品名：男士衬衫。赔偿原因：延误。

> **想一想**
> 1. 上述第(1)~(3)个案例分别属于什么情况下出现的问题?
> 2. 第(4)个案例是否适用华沙公约?如果属于承运人责任,承运人应该赔偿多少?

2. 技能训练目标

掌握不正常运输的种类及分析方法;掌握货物索赔的程序;

3. 相关理论知识

1) 不正常运输货物的种类和代号(表8-3)

不正常运输货物种类和代号　　　　表8-3

代　号	中文含义	英文含义
OFLD	卸下,拉货	Off Loaded
SSPD	漏(少)装	Short shipped
OVCD	漏卸(运过境)	Over carried
	贴错标签货物	Mislabeled Cargo
	标签脱落	Missing Label
MSCA	少收货物	Missing Cargo
FDCA	多收货物	Found Cargo
MSAW	少收货运单	Missing AWB
FDAW	多收货运单	Found AWB
	破损	Damage

2) 货物索赔的含义

货物索赔是托运人、收货人或其代理人对承运人在货物运输组织的全过程中,所造成的货物毁灭、破损、遗失、变质、污染、延误、内容短缺等,向承运人提出赔偿的要求。

3) 法律依据

在航空货物运输过程中,主要是两种运输范围的问题:国际运输和国内运输。在航空国际货运中,主要的法律依据是华沙体制中的《华沙公约》(以下简称《公约》)、《海牙议定书》和1999年的《蒙特利尔公约》;在国内货物运输中,主要是《中华人民共和国民用航空法》、《中国民用航空货物国内运输规则》。

在我国,除了以上两个法律条文外,还有以下同航空货运有关的法律和规定:《中华人民共和国民事诉讼法》、《中华人民共和国民法通则》、《中华人民共和国商品检验法》、《中华人民共和国动植物检验法》、《中华人民共和国濒危动物保护法》、《中华人民共和国消费者权益法》、《中国民航局政府令》、《中国民航航空货运管理规则》及本国适用的有利于消费者的法律和法规。

4) 承运人责任及其限额

《公约》第十八条规定:"对于因货物毁灭、遗失或者损坏而产生的损失,只要造成损失的事件是在航空运输期间发生的,承运人就应当承担责任。"如承运人已确认货物发生灭失,或在货物应抵达的日期7天后仍未能抵达,则收货人有权向承运人行使运输合同所规定的权利。

《公约》第十九条规定:"货物在航空运输中因延误引起的损失,承运人应当承担责任。"

《公约》规定了承运人对货物的灭失、损害或延误交货的责任,以货物毛重每公斤250金法郎为限。但对托运人在货物托运时已声明货物价值,并支付了声明价值附加运费的则不在此限内。除非承运人能证明托运人所申述的金额超出了交货时货物的实际价值。要说明的是,如果货物遭受损害、灭失或延误交货系由承运人雇员故意行为引起,则承运人无权引用华沙公约中有关责任限额和免除承运人责任的免责条款。

5) 承运人免责

根据《公约》的规定,空运承运人应对货物在空运期间所发生的货物灭失、损害或延误交货承担责任。所谓空运期间是指货物交由承运人掌管的整个期间,如在机场外装载、交货、转运而引起的灭失、损害,除了相反的证据外,仍应视为在空运期间发生的损害,承运人应承担责任。承运人可引用《公约》中的免责条款要求免责,但不排除对货物应有的责任。除外责任包括:

(1) 承运人能证明货物的灭失或损害系由于受损人的过失引起或促成时,可免除承运人全部或部分责任。如证明货物本身存在固有瑕疵、质量缺陷或证明货物是由承运人或其受雇人、代理人以外的人包装的,而货物包装不良。

(2) 承运人能证明货物的灭失或损害是由领航人的疏忽或飞机操作上的疏忽和驾驶上的失误引起的,并能证明他和他的代理人已在一切方面采取了必要的措施以避免损失,承运人对此损失不负责任,但此项对旅客人身伤亡不适用。

(3) 战争行为或者武装冲突等不可抗力造成。

(4) 公共当局实施的与货物入境、出境或者过境有关的行为。

(5) 承运人能证明已经采取一切可合理要求的措施或者不可能采取此种措施的,承运人不对因延误引起的损失承担责任。

6) 索赔

(1) 索赔人。

托运人、收货人或其代理人及其获得权益转让书的人员。如承保货物的保险公司、受索赔人之托的律师、有关的其他单位集运货物的主托运人和主收货人。

托运人、收货人是指主运单上填写的托运人或收货人。向航空公司提出索赔的应是主运单上填写的托运人或收货人。客户或分运单上的托运人、收货人或其他代理人应向主运单上填写的托运人或收货人提出索赔。

如果收货人在到达站已将货物提取,则托运人将无权索赔。如托运人要求索赔的话,应该具有收货人出具的权益转让书。

(2) 索赔地点。

托运人、收货人或其代理人在货物的始发站、目的站或损失事故发生的中间站,可以书面的形式向承运人(第一承运人或最后承运人或当事承运人)或其代理人提出索赔要求。

(3) 索赔对象。

合同方承运人、目的站承运人或当事承运人或其代理人。

(4) 索赔所需文件。

承运人收到索赔申请后,要求索赔人提供下列文件:

① 正式索赔函两份(收货人/发货人向代理公司、代理公司向航空公司);

②货运单正本或副本；
③损失证明（货物商业发票、装箱清单和其他必要资料）；
④货物舱单（航空公司复印）；
⑤货物运输事故鉴证（货物损失的客观详细情况）；
⑥商检证明（货物损害后由商检等中介机构所做的鉴定报告）；
⑦不正常运输事故记录；
⑧来往电传等文件。

（5）索赔期限。

货物损坏（包括短缺）属于明显可见的赔偿要求，收货人或有关当事人应从发现时起立即向承运人提出书面通知，并最迟延至收到货物之日起14天内提出书面通知，如规定期限内没有提出，则视为托运人放弃该项索赔。

货物运输延误的赔偿要求，在货物交由收货人处置之日起21天内提出。

货物毁灭或遗失的赔偿要求，应自填开货运单之日起120天之内提出。

任何异议，均按上述规定期限向承运人以书面形式提出。承运人有欺骗行为的，有权提取货物的人如果在规定时限内没有提出异议，将会丧失获得赔偿的权利。

对于提出索赔的货物，货运单的法律有效期为两年。

（6）理赔程序。

①货物运输事故签证。

当航空地面代理人在卸货时发现货物破损，即由航空公司或航空公司地面代理人填写《货物运输事故签证》，这份签证主要是在目的站货物出现问题的一个证明；在填写这份签证之前，收货人需要进一步确认内装物的受损程度，可以同航空公司的货运人员共同开箱检查，确认货物的具体受损程度，在开箱检查时，会出现两种情况，一是外包装破损，内装物完好；二是外包装破损，内装物破损，在第二种情况下，又会出现由于货主没有按照航空货物包装的要求来进行包装，而导致货物受损，这种情况就需要货主和承运人共同承担责任。这份证明要客观地描述货物出现问题的状况，尽量不要出现"短少"等模糊性词语。这份签证由航空公司的货运部门签完后，再由收货人签字，其中一份航空公司留存，另一份由收货人留存。

②索赔申请书。

自发现货物发生问题后，一定要按照《公约》所规定的赔偿时限提出赔偿要求，需要向航空公司提出书面的索赔申请书，其格式如下：

索赔申请书

A货运分公司：

  我公司于2010年11月9日委托贵公司自纽约运输至北京一票货物，货运单号码为999-24567894，货物品名为零件，件数为9件，质量为360kg，见航空货运单（附后）。货物到达北京后，提取货物时，贵公司通知我公司货物丢失2件，共80kg，并为我公司出具了货物运输事故记录。

  现就此票货物的损失向贵公司提出索赔，索赔金额为人民币40000.00元整。

  望贵公司尽快予以办理。

B进出口公司

二零一一年一月二十日

索 赔 函

> **索赔函示例**
>
> A航空公司货运部：
> 　　本公司在提取来自汉城的一票货，运单号为999-234567895，1件，共100kg，由CA888/09APR承运。该货在目的地交付时发生严重的外包装破损（详见贵公司开具的事故鉴定书）。
> 　　现本着实事求是、维护双方共同利益的原则，我公司向贵公司提出以下处理意见和索赔申请。
> 　　该货物价值23000美金，请给予原价赔偿。参见托运人出具的受损货物价值证明。
> 　　请贵公司予以尽快办理，谢谢合作。
> 　　随附：运单、装箱单、发票、事故记录等。
>
> C代理公司
二零一一年十二月五日

③航空公司审核所有的资料和文件。

航空公司受理并接受索赔，同时审核所有的资料和文件，并进行调查工作。

④填写国际航空货物索赔单。

由航空公司填写航空货物索赔单，索赔人签字盖章并由航空公司上报审批，表明航空公司正式认可索赔的有关事项。

⑤货物索赔审批单。

航空货物的索赔应根据索赔货物金额的不同需要各级领导审批。

⑥责任解除协议书。

在索赔人结算赔偿费用并由索赔人签署责任解除协议书，即放弃诉讼权及进一步的索赔权。

⑦赔偿金额确定。

货物没有办理声明价值，承运人按照实际损失的价值进行赔偿，赔偿的最高限额为毛重每公斤20美元或17特别提款权；已向承运人办理货物声明价值，并支付了生命价值附加费，则按声明价值赔偿。

内损货物的责任。货物的内损指货物的外包装完好，但货物本身破损了。对于此类货物的破损，如无确实的证据证明是由于承运人的过错造成的。则承运人不承担责任。但对于外包装破损或有盗窃痕迹，则承运人应负责赔偿。如货物的一部分或者货物中任何物件发生遗失、损坏或者延误，用以决定承运人责任限额的重量，仅为该件或者件数的总重量。如货物的一部分或者货物中任何货物发生遗失、损坏或者延误，以致影响同一份货运单所列的另一包装件或者其他包装件的价值时，在确定责任限额时，另一包装件的总重量也应当考虑在内。

⑧赔偿仲裁。

关于赔偿如果协商不成，当事人可以向所在地地方法院提起诉讼。

⑨诉讼时效。

自航空器到达目的地点之日、应当到达目的地点之日或者运输终止之日起两年期间内未提起诉讼的，丧失对损害赔偿的权利。

4. 技能训练

(1) 学生每 5 人为一个项目组,选一名学生为组长;

(2) 各组通过理论知识,以组为单位讨论案例;

(3) 以组为单位完成分析结果,每组派一位代表陈述结果;

(4) 训练时间安排:1 学时。

思考练习

1. 简答题

(1) 请列举处理赔偿所需要的文件?

(2) 在目的站,发现货物中夹带禁止运输的物品,应如何处理?

2. 案例分析题

一票从悉尼到北京的货物,货单号 999-78945612,1 件,854kg,航班 XY767/21MAY,货物价值 3300 美元,品名:干酪。赔偿原因:解冻后受损。经调查发现,当天上午 9:09 发到货通知,收货人当天提取货运单,办理海关手续。5 月 25 日,收货人办完海关手续后前来提货时,发现这件货物没有放在冷库保存,收货人当时提出异议。因为在货运单的操作注意项栏中明显注明"KEEP COOL"字样,但工作人员在分拣时没有看到,经过挑选,最终损失 60%左右。

问:

(1) 本案是否符合《公约》规定?

(2) 本案若为承运人责任,应该赔偿多少?为什么?

3. 货损文书撰写

请根据案例分析题的情况,以收货人代理人的身份,为收货人拟定一份索赔函。

《联合国国际货物多式联运公约》

第一部分 总 则

第一条 定义

1. "国际多式联运"是指按照多式联运合同,以至少两种不同的运输方式,由多式联运经营人将货物从一国境内接管货物的地点运至另一国境内指定交付货物的地点。为履行单一方式运输合同而进行的该合同所规定的货物接送业务,不应视为国际多式联运。

2. "多式联运经营人"是指其本人或通过其代表订立多式联运合同的任何人,他是事主,而不是发货人的代理人或代表或参加多式联运的承运人的代表人或代表,并且负有履行合同的责任。

3. "多式联运合同"是指多式联运经营人凭以收取运费,负责完成或组织完成货物运输的国际多式联运的合同。

4. "多式联运单据"是指证明多式联运合同,以及证明多式联运经营人接受货物并负责按照合同条款交付货物的单据。

5. "发货人"是指本人或以其名义或其代表与多式联运经营人订立多式联运合同的任何人,或指其本人或以其名义或其代表按照多式联运合同将货物实际交给多式联运经营人的任何人。

6. "收货人"是指有权提取货物的人。

7. "货物"包括由发货人提供的任何集装箱、托盘,或类似的装运工具或包装。

8. "国际公约"是指各国之间用书面签订的,并受国际法制约的国际协定。

9. "强制性国家法律"是指任何有关货物运输的成文法,其规定不得用合同条款加以改交而不利于发货人。

10. "书面"包括电报,电传。

第二条 适用范围

本公约的各项规定适用于两国境内各地之间的所有多式联运合同,如:

1. 多式联运合同规定的多式联运经营人接管货物的地点是在一个缔约国境内。

2. 多式联运合同规定的多式联运经营人交付货物的地点是在一个缔约国境内。

第三条 强制适用

1. 根据第二条受本公约制约的多式联运合同一经签订,本公约各项规定即应对该合同强制适用。

2. 本公约的任何规定不得影响发货人选择多式联运或分段运输的权利。

第四条 多式联运的管理

1. 本公约不得影响任何有关运输业务管理的国际公约或国际法律的适用,或与之相抵触。

2. 本公约不得影响各国在国家一级管理多式联运业务和多式联运经营人的权利,包括就下列事项采取措施的权利:多式联运经营人、托运人、托运人组织以及各国主管当局之间就运输条件进行协商,特别是在引用新技术、开始新的运输业务之前进行协商;颁发多式联运经营人的许可证;参加运输;为了本国的经济和商业利益而采取一切其他措施。

3. 多式联运经营人应遵守其营业所在国所适用的法律和本公约的规定。

第二部分 单 据

第五条 多式联运单据的签发

1. 多式联运经营人接管货物时,应签发一项多式联运单据,该单据应依发货人的选择,或为可转让单据或为不可转让单据。

2. 多式联运单据应由多式联运经营人或经他授权的人签字。

3. 多式联运单据上的签字,如不违背签发多式联运单据所在国的法律,可以是手签、手签笔迹的复印、打透花字、盖章、符号或用任何其他机械或电子仪器打出。

4. 经发货人同意,可以用任何机械或其他保存第八条所规定的多式联运单据应列明的事项的方式,签发不可转让的多式联运单据。在这种情况下,多式联运经营人在接管货物后,应交给发货人一份可以阅读的单据,载有用此种方式记录的所有事项,就本公约而言,这份单据应视为多式联运单据。

第六条 可转让的多式联运单据

1. 多式联运单据以可转让的方式签发时,应符合以下要求。
(1)应列明按指示或向持票人交付;
(2)如列明按指示交付,需经背书后转让;
(3)如列明向持票人交付,无需背书即可转让;
(4)如签发一套一份以上的正本,应列明正本份数;
(5)如签发任何副本,每份副本均应列明"不可转让副本"字样。

2. 只有交出可转让多式联运单据,并在必要时经正式背书,才能向多式联运经营人或其代表提取货物。

3. 如签发一套一份以上的可转让多式联运单据正本,而多式联运经营人或其代表已正当地按照其中一份正本交货,该多式联运经营人便已履行其交货责任。

第七条 不可转让的多式联运单据

1. 多式联运单据以不可转让的方式签发时,应指明记名的收货人。

2. 多式联运经营人将货物交给此种不可转让的多式联运单据所指明的记名收货人或经收货人通常以书面正式指定的其他人后,该多式联运经营人即已履行其交货责任。

第八条 多式联运单据的内容

1. 多式联运单据应当载明下列事项:
(1)货物品类、识别货物所必需的主要标志、如属危险货物,其危险特性的明确声明、包数或件数、货物的毛重或以其他方式表示的数量等这些事项均由发货人提供;
(2)货物外表状况;
(3)多式联运经营人的名称和主要营业场所;
(4)发货人名称;
(5)如经发货人指定收货人,应提供收货人的名称;

（6）多式联运经营人接管货物的地点和日期；

（7）交货地点；

（8）如经双方明确协议，提供在交付地点交货的日期或期间；

（9）表示该多式联运单据为可转让或不可转让的声明；

（10）多式联运单据的签发地点和日期；

（11）多式联运经营人或经其授权的人的签字；

（12）如经双方明确协议，每种运输方式的运费；或者应由收货人支付的运费，包括用以支付货币；或者关于运费由收货人支付的其他说明；

（13）如在签发多式联运单据时已经确知，预期经过的路线、运输方式和转运地点；

（14）第二十八条第3款所指的声明；

（15）如不违背签发多式联运单据所在国的法律，双方同意列入多式联运单据的任何其他事项。

2. 多式联运单据缺少本条款第1款所指事项中的一项或数项，并不影响该单据作为多式联运单据的法律性质，但该单据必须符合第一条第4款所规定的要求。

第九条　多式联运单据中的保留

1. 如果多式联运经营人或其代表知道、或有合理的根据怀疑多式联运单据所列货物的品种、主要标志、包数或件数、重量或数量等事项没有准确地表明实际接管的货物的状况，或无适当方法进行核对，则该多式联运经营人或其代表应在多式联运单据上做出保留，注明不符之处、怀疑的根据或无适当的核对方法。

2. 如果多式联运经营人或其代表未在多式联运单据上对货物的外表状况加以批注，则应视为他已在多式联运单据上注明货物的外表状况良好。

第十条　多式联运单据的证据效力

如果已对第九条准予保留的事项作出保留，则其余保留的部分除外。

1. 多式联运单据应是为以该单据所载明的货物由多式联运经营人接管的初步证据。

2. 如果多式联运单据以可转让方式签发，而且已转让给正当地信赖该单据所载明的货物状况的、包括收货人在内的第三方，则多式联运经营人提出的反证不予接受。

第十一条　有意谎报或漏报的赔偿责任

如果多式联运经营人意图诈骗，在多式联运单据上列入有关货物的不实资料，或漏列第八条第1款（1）项或（2）项或第九条规定应载明的任何资料，则该多式联运经营人不得享有本公约规定的赔偿责任限制，需负责赔偿包括收货人在内的第三方因信赖该多式联运单据所载明的货物的状况行事而遭受任何损失、损坏或费用。

第十二条　发货人的保证

1. 多式联运经营人接管货物时，发货人应视为已向多式联运经营人保证，在多式联运单据中所提供的货物品类、标志、件数、重量和数量，如属危险货物，其危险特性等事项应概述准确无误。

2. 发货人必须赔偿多式联运经营人因本条第1款所指不准确或不当而造成的损失。即使发货人已将多式联运单据转让，仍需负赔偿责任。多式联运经营人取得这种赔偿的权利，并不限制他按照多式联运合同对发货人以外的其他任何人应负的赔偿责任。

第十三条　其他单据

多式联运单据的签发，并不排除必要时按照适用的国际公约或国家法律签发同国际多式联运所涉及的运输或其他服务有关的其他单据。但签发此种其他单据不得影响多式联运单据的法律性质。

第三部分　多式联运经营人的赔偿责任

第十四条　责任期间

1. 本公约所规定的多式联运经营人对于货物的责任期间，自其接管货物之时起到交付货物时为止。

2. 就本条而言：

（1）多式联运经营人从下列各方接管货物之时为至起始时间。

（a）发货人或其代表；

（b）根据接管货物地点适用的法律或规章，货物必须交其运输的当局或其他第三方。

（2）多式联运经营人以下列方式交付货物时为终止时间。

（a）将货物交给收货人；

（b）如果收货人不向多式联运经营人提取货物，则按照多式联运合同或按照交货地点适用的法律或特定行业惯例，将货物置于收货人支配之下；

（c）将货物交给根据交货地点适用的法律或规章必须向其交付的当局或其他第三方。

在上述期间，货物视为在多式联运经营人掌管之下。

3. 本条第1款和第2款所指的多式联运经营人，包括他的受雇人、代理人或为履行多式联运合同而使用其服务的任何其他人；所指的发货人和收货人，也包括他们的受雇人或代理人。

第十五条　多式联运经营人为他的受雇人、代理人和其他人所负的赔偿责任

除按第二十一条的规定外，多式联运经营人应对他的受雇人或代理人在其受雇范围内行事时的行为或不行为负赔偿责任，或对他为履行多式联运合同而使用其服务的任何其他人在履行合同的范围内行事时的行为或不行为负赔偿责任，一如他本人的行为或不行为。

第十六条　赔偿责任的基础

1. 多式联运经营人对于货物的灭失、损坏和延迟交付所引起的损失，如果造成灭失、损坏或延迟交货的事故发生于第十四条所规定的货物由其掌管期间，应负赔偿责任，除非多式联运经营人证明其本人、受雇人或代理人或第十五条所指的任何其他人为避免事故的发生及其后果已采取一切所能合理要求的措施。

2. 如果货物未在明确议定的时间内交付，或者如无此种协议，未在按照具体情况对一个勤奋的多式联运经营人所能合理要求的时间内交付，即为延迟交货。

3. 如果货物未在按照本条第2款确定的交货日期届满后连续90日内交付，索赔人即可认为这批货物业已灭失。

第十七条　同时发生的原因

如果货物的灭失、损坏或延迟交付是由于多式联运经营人、其受雇人或代理人或第十五条所指的任何其他人的过失或疏忽与另一原因结合而产生，多式联运经营人仅对灭失、损坏或延迟交货可以归之于此种过失或疏忽的限度内负赔偿责任，但多式联运经营人必须证明不属于此种过失或疏忽的灭失、损坏或延迟交货的部分。

第十八条　赔偿责任限制

1. 如果多式联运经营人根据第十六条对货物的灭失或损坏造成的损失负赔偿责任,其赔偿责任按灭失或损坏的货物的每包或其他货运单位计不得超过92记账单位,或按毛重每公斤计不得超过2.75记账单位,以较高者为准。

2. 根据本条第1款计算较高限额时,适用下列规则:

(1) 如果货物是集装箱、货盘或类似的装运工具集装,经多式联运单据列明装在这种装运工具中的包数或货运单位数应视为计算限额的包数或货运单位数。否则,这种装运工具中的货物视为一个货运单位。

(2) 如果装运工具本身灭失或损坏,而该装运工具并非多式联运经营人所有或提供,则应视为一个单独的货运单位。

3. 虽有本条第1款或第2款的规定,国际多式联运如果根据合同不包括海上或内河运输,则多式联运经营人的赔偿责任按灭失或损坏货物每公斤不得超过8.33记账单位。

4. 多式联运经营人根据第十六条的规定对延迟交货造成损失所负的赔偿责任限额,相当于对延迟交付的货物应付运费的2.5倍,但不得超过多式联运合同规定的应付运费的总额。

5. 根据本条第1款和第4款或第3款和第4款的规定,多式联运经营人赔偿责任的总和不得超过本条第1款或第3款所确定的货物全部灭失的赔偿责任限额。

6. 经多式联运经营人和发货人之间协议,多式联运单据中可规定超过本条第1款、第3款和第4款所规定的赔偿限额。

7. "记账单位"是指第三十一条所述的记账单位。

第十九条　确知货损发生阶段

如果货物的灭失或损坏发生于多式联运的某一特定阶段,而对这一阶段适用一项国际公约或强制性国家法律规定的赔偿限额高于适用第十八条第1款至第3款所提出的赔偿限额,则多式联运经营人对这种灭失或损坏的赔偿限额,应按照该公约或强制性国家法律予以确定。

第二十条　非合同赔偿责任

1. 本公约规定的辩护理由和赔偿责任限制,应适用于因货物灭失、损坏或延迟交付造成损失而对多式联运经营人提起的任何诉讼,不论这种诉讼是因合同、侵权行为,还是因其他原因提出的。

2. 如果由于货物灭失、损坏或延迟交付造成损失而对多式联运经营人的受雇人或代理人、或对联运人履行多式联运合同而使用其他服务的其他人提起诉讼,该受雇人或代理人如能证明他是在受雇范围内行事,该其他人如能证明他是在履行合同的范围内行事,则该受雇人、代理人或其他人应有权援用多式联运经营人按本公约有权援用的辩护理由和赔偿责任限制。

3. 除按第二十一条的规定外,向多式联运经营人、受雇人、代理人或为履行多式联运合同而使用其服务的其他人可取得的赔偿总额不得超过本公约所规定的赔偿限额。

第二十一条　赔偿责任限制权利的丧失

1. 如经证明,货物的灭失、损坏或延迟交付是由多式联运经营人有意造成或明知可能造成而毫不在意的行为或不行为所引起,则多式联运经营人无权享受本公约所规定的赔偿责任限制的利益。

2. 虽有第二十条第 2 款的规定,如经证明,货物的灭失、损坏或延迟交付是由于多式联运经营人的受雇人或代理人或为履行多式联运合同而使用其服务的其他人有意造成或明知可能造成而毫不在意的行为或不行为所引起,则该受雇人、代理人或其他人无权享受本公约所规定的赔偿责任限制的利益。

第四部分　发货人的赔偿责任

第二十二条　通则

如果多式联运经营人遭受的损失是由于发货人的过失或疏忽或者他的受雇人或代理人在其受雇范围内行事时的过失或疏忽所造成,发货人对这种损失应负赔偿责任。如果损失是由于发货人的受雇人或代理人本身的过失或疏忽所造成,该受雇人或代理人对这种损失应负赔偿责任。

第二十三条　危险货物的特殊规则

1. 发货人应以合适的方式在危险货物上加明危险标志或标签。

2. 发货人将危险货物交给多式联运经营人或其任何代表时,应告知货物的危险特性,必要时并告知应采取的预防措施。如果未经发货人告知而多式联运经营人又无从得知货物的危险特性,则:

(1) 发货人对多式联运经营人由于载运这类货物而遭受的一切损失应负赔偿责任。

(2) 视情况需要,可随时将货物卸下,销毁或使其无害而无需给予赔偿。

3. 何人如果在多式联运期间接管货物时已得知货物的危险特性,则不得援用第 2 款的规定。

4. 如果本条第 2 款(2)项的规定不适用或不得援用,而危险货物对声明或财产造成实际危险,可视情况需要将货物卸下、销毁或使其无害,除有分摊共同海损的义务、或根据第十六条的规定多式联运经营人应负赔偿责任之外,无需给予赔偿。或者向发货人的代表送交通知,应分别视为多式联运经营人或发货人送交通知。

第五部分　索赔和诉讼

第二十四条　灭失、损坏或延迟交货的通知

1. 除非收货人不迟于在货物交给他的次一工作日,将说明此种灭失或损坏的一般性质的灭失或损坏书面通知送交多式联运经营人,否则,此种货物的交付即为多式联运经营人交付多式联运单据所载明的货物的初步证据。

2. 在灭失或损坏不明显时,如果在货物交付收货人之日后连续 6 日内未提出书面通知,则本条第 1 款的规定相应适用。

3. 如果货物的状况在交付收货人时已经当事各方或其授权在交货地的代表联合调查或检验,则无需就调查或检验所证实的灭失或损坏送交书面通知。

4. 遇有任何实际的或料想会发生的灭失或损坏时,多式联运经营人和收货人必须为检验和清点货物相互提供一切合理的便利。

5. 除非在货物交付收货人之日后连续 60 日内,或者在收货人得到通知,货物已按第十四条第 2 款(2)(b)或(c)项的规定交付之日后连续 60 日内,向多式联运经营人送交书面通

知,否则对延迟交货所造成的损失无需给予赔偿。

6. 除非多式联运经营人不迟于在损失或损坏连续 90 日内,或在按照第十四条第 2 款(2)项的规定交付货物后连续 90 日内,以其较迟者为准,将说明此种损失或损坏的一般性质的损失或损坏书面通知送交发货人,否则,未送交这种通知即为多式联运经营人未由于发货人、其受雇人或代理人的过失或疏忽而遭受任何损失或损害的初步证据。

7. 如果本条第 2 款、第 5 款、第 6 款中规定的通知期限最后一日在交货地点不是工作日,则该期限应延长至次一工作日为止。

第二十五条 诉讼时效

1. 根据本公约有关国际多式联运的任何诉讼,如果在两年期间内没有提起诉讼或交付仲裁,即失去时效。但是,如果在货物交付之日后六个月内,或于货物未交付的,在应当交付之日后六个月内,没有提出书面索赔通知,说明索赔的性质和主要事项,则诉讼在此期限届满后即失去时效。

2. 时效期间自多式联运经营人交付货物或部分货物责任的次一日起算,如果货物未交付,则自货物应当交付的最后一日的次一日起算。

3. 接到索赔要求的人可于时效期间内随时向索赔人提出书面声明,延长时效期间。此种期间可用另一次声明或多次声明,再度延长。

4. 除非一项适用的国际公约另有相反规定,根据本公约负有赔偿之日的人即使在上述各款规定的时效期间届满后,仍可在起诉地国家法律所许可的限期内提起诉讼,要求追偿,而此项所许可的限期,自提起此项追偿诉讼的人已清偿索赔要求或接到对其本人的诉讼传票之日起算,不得少于 90 日。

第二十六条 管辖

1. 原告可在他选择的法院根据本公约提起有关国际多式联运的诉讼,如果该法院按其所在国法律规定有权管辖,而且下列地点之一是在其管辖范围之内:

(1)被告主要营业所,或者,如无主要营业所,被告的经常居所;

(2)订立多式联运合同的地点,而且合同是通过被告在该地的营业所、分支或代理机构订立;

(3)接管国际多式联运货物的地点或交付货物的地点;

(4)多式联运合同中为此目的所指定并在多式联运单据中载明的任何其他地点。

2. 根据本公约有关国际多式联运的任何诉讼程序均不得在本条第 1 款没有规定的地点进行。本条各款并不妨碍各缔约国采取临时性或保护性措施的管辖权。

3. 虽有本条上述各项规定,如果当事双方在索赔发生之后达成协议,指定原告可以提起诉讼的地点,则该项协议有效。

4. (1)如果已根据本条各项规定提起诉讼,或者对于该诉讼已作出判决,原当事人之间不得就同一理由提起新的诉讼,除非第一次诉讼的判决不能在提起新诉讼的国家中执行。

(2)就本条而言,凡为使判决得以执行而采取措施,或者在同一国内将一项诉讼移到另一法院,都不得视为提起新诉讼。

第二十七条 仲裁

1. 除按本条各项规定外,当事各方可用书面载明的协议,规定将根据本公约发生的有关国际多式联运的任何争议交付仲裁。

2. 仲裁应依索赔人的选择,在下列地点之一提起:

(1) 下列各地所在国中的任一地点：
(a) 被告的主要营业所，或者，如无主要营业所，被告的经常居所；
(b) 订立多式联运合同的地点，而且合同是通过被告在该地的营业所、分支或代理机构订立；
(c) 接管国际多式联运货物的地点或交付货物的地点。
(2) 仲裁条款或协议中为此目的所指定的任何其他地点。

3. 仲裁员或仲裁法庭应适用本公约的各项规定。

4. 本条第 2 款和第 3 款的规定应视为每项仲裁条款或协议的一部分，仲裁条款或协议中与之相抵触的任何规定，概属无效。

5. 当事双方在有关国际多式联运的索赔发生之后订立的仲裁协议，其效力不受本条规定的影响。

第六部分 补充规定

第二十八条 合同条款

1. 多式联运合同或多式联运单据内的任何条款，如果直接或间接背离本公约的规定，概属无效。此种条款的无效不影响以该条款构成其一部分的该合同或单据的其他规定的效力。将货物的保险利益让与多式联运经营人的条款或任何类似条款，概属无效。

2. 虽有本条第 1 款的规定，经发货人同意，多式联运经营人仍可增加其按照本公约所负的责任和义务。

3. 多式联运单据应载有一项声明，说明国际多式联运必须遵守公约的规定，背离本公约而使发货人或收货人受到损害的任何规定，概属无效。

4. 如果有关货物索赔人由于根据本条而无效的条款、或由于漏载本条第 3 款所指的声明则遭受损失，多式联运经营人必须按照本公约的规定，就货物的灭失、损坏或延迟交付，给予索赔人以必要的赔偿。此外，多式联运经营人应就索赔人为了行使其权利而引起的费用，给付赔偿，但援用上述规定所引起诉讼费用，则应按照提起诉讼地国家的法律规定。

第二十九条 共同海损

1. 本公约不得妨碍多式联运合同或国家法律中有关共同海损理算规定的适用。

2. 除第二十五条外，本公约中有关多式联运经营人对货物的灭失或损坏应负赔偿责任的规定，也确定收货人是否可以拒绝共同海损的分摊，以及确定多式联运经营人对收货人已作的此种分摊或已支付的救助费用的赔偿责任。

第三十条 其他公约

1. 本公约不改变国际公约及其修正案或国家法律为限制海运船舶和内河船舶所有人的赔偿责任而规定的权利或义务，这些国际公约为：1924 年 8 月 25 日《统一关于海运船舶所有人赔偿责任限制的若干规则的布鲁塞尔国际公约》；1957 年 10 月 10 日《关于海运船舶所有人赔偿责任限制的布鲁塞尔国际公约》；1976 年 11 月 19 日《伦敦海事索赔责任限制公约》以及 1973 年 3 月 1 日《关于内河船舶所有人赔偿责任限制的日内瓦公约》。

2. 如果发生争议的当事双方，其主要营业所均在其他国际公约的缔约国境内，则本公约第二十六条和第二十七条的规定不得妨碍适用各其他国际公约有关这两条所述事项的强制性规定。但是，本款不影响本公约第二十七条第 3 款的适用。

3. 根据本公约的规定,对核事故引起的损害不负赔偿责任,如果根据下列公约或国家法律核装置经营人应对此种损害负责:

（1）经1964年1月28日补充议定书修正的1960年7月29日《关于核能领域第三者赔偿责任的巴黎公约》（以下简称《巴黎公约》）,或1963年5月21日《关于核损害民事赔偿责任的维也纳公约》（以下简称《维也纳公约》）,或这些公约的修正案;

（2）国家法律中关于核损害赔偿责任的规定,如果这种法律在所有方面都和《巴黎公约》或《维也纳公约》同样有利于可能遭受核损害的人。

4. 货物运输,例如按照1956年5月19日《关于国际货物运输合同的日内瓦公约》第二条的规定进行,或按照1970年2月7日《伯尔尼国际铁路货物运输公约》第二条的规定进行,而上述公约的缔约国必须对这种货物运输适用这种公约,则就本公约第一条第1款的含义而言,对这种运输公约的缔约国不应视为国际多式联运。

第三十一条 记账单位或货币单位及折算

1. 本公约第十八条所述记账单位是国际货币基金组织所规定的特别提款权。第十八条所述的数额应按照一国货币在判决日或裁决日或当事各方协议的日期的价值,折算成该国货币。凡属国际货币基金组织成员国的缔约国,其以特别提款权表示的本国货币的价值,应按照国际货币基金组织上述日期对其业务和交易采用的现行定值方法计算,非属国际货币基金组织成员国的缔约国,应以特别提款权表示的本国货币的价值,应按该国确定的方法计算。

2. 但是,凡不是国际货币基金组织成员而其本国法律又不准适用本条第1款规定的国家,可在签字、批准、接受、认可或加入时,或在其后任何时间,声明本公约规定的赔偿限额在该国领土适用时,应订定如下:关于第十八条第1款所规定的限额,按货物的每包其他货运单位计算不超过13750货币单位,或按毛重每公斤计不超过41.25货币单位;关于第十八条第3款所规定的限额,不超过124货币单位。

3. 本条第2款所述的货币单位相等于纯度为千分之九百的黄金65.5毫克。本条第2款所述数额应按照有关国家的法律折算成该国货币。

4. 按本条第1款最后一句的规定进行计算,和按本条第3款的规定进行折算,以一缔约国的本国货币表示第十八条所述数额时,其实际价值应尽可能与第十八条所述记账单位表示的实际价值相等。

5. 缔约国在签字时,或在交存其批准书、接受书、认可书或加入书时,或按本条第2款的规定做出选择时,以及在计算方法或折算结果有改变时,应将本条第1款最后一句所确定的计算方法或按本条第3款所得的折算结果,相应地通知保管人。

第七部分 海关事项

第三十二条 海关过境

1. 各缔约国应核准使用国际多式联运的海关过境手续。

2. 除按国家法律规章和政府间协定的规定外,国际多式联运货物的海关过境应依照本公约附件的第一条至第六条所载的规则和原则。

3. 缔约国在制订有关多式联运货物的海关过境手续的法律或规章时,应考虑到本公约附件的第一至第六条。

《1973年多式联运单证统一规则》

总则

规则1

(a)本规则适用于为履行和(或)实现履行货物多式联运而签订的、本规则中所定义的、被联运单证所证明的每一个合同。如果缔约方本意按本规则规定进行货物多式联运,则即使货物是采取单一方式运输而与缔约方本意相违背,本规则也仍然适用。

(b)对于在多式联运单证上具有利益或以后将获得利益的所有关系而言,这种多式联运单证的签发,赋予所有当事方本规则所规定的权利和抗辩,并使其承担本规则所规定的义务。

(c)除增加多式联运经营人的责任和义务以外,多式联运合同或证明这种合同的多式联运单证中的任何条款、或任何条款的任何部分,如果直接或间接地违背本规则,则在这些条款或其中的部分与本规则相抵触的范围内,概属无效。这些条款或其中部分的无效,并不影响多式联运合同或多式联运单证上的其他规定的效力。

规则2

(a)多式联运:是指至少以两种不同的运输方式,将货物在一国内接管的地点,运至另一国内指定交付的目的地的货物运输。

(b)联运经营人:是指签发多式联运单证的人(包括任何法人、公司或法律实体)。如果国内法律规定,任何人需经授权或得到许可后才有权签发多式联运单证,则多式联运经营人仅指这种经授权或得到许可的人。

(c)多式联运单证:是指证明履行货物多式联运和(或)实现履行货物联运合同的一种单证,并在正面载有这样的标题:"根据多式联运单证统一规则(国际商会第298号出版物)签发的可转让的多式联运单证"或"根据联运单证统一规则(国际商会第298号出版物)签发的不可转让的多式联运单证"。

(d)不同的运输方式:是指以两种或两种以上的运输方式,例如海上运输、内河运输、航空运输、铁路或公路运物,进行货物运输。

(e)交付:是指将货物交给有权取货的一方或将货物置于其支配之下。

(f)法郎:是指含有纯度为千分之九百的黄金65.5毫克的单位。

可转让的单证

规则3

在以可转让的方式签发多式联运单证时:

(a)它应载明"凭指示"或"交于持有人"。

(b)如果载明"凭指示",则应通过背书转让。

(c)如果载明"交于持有人",则无需通过背书即可转让。

(d)如果签发一套超过一份以上正本,应注明一套正本的份数。

(e)如果签发副本,则每一副本应注明"不予转让的副本"的字样。

(f)只能向多式联运经营人或其代理人要求交货,并且必要时,凭提交经过背书的多式联运单证要求交货。

(g)当签发了一套一份以上正本的多式联运单证时,如果多式联运经营人或其代理人根据其中一份正本,已经善意地交付货物,则多式联运经营人即被解除其交货的义务。

不可转让的单证

规则 4

在以不可转让的方式签发多式联运单证时:

(a)它应指明记名的收货人。

(b)如果多式联运经营人将货物交给此种不可转让的单证上指明的收货人,或者按收货人给多式联运经营人的通知交给经收货人授权接管货物的人,多式联运经营人即被解除其交货的义务。

多式联运经营人的义务和责任

规则 5

通过签发多式联运单证,多式联运经营人:

(a)从接管货物时起到交付货物时止,负责履行和(或)以其自己名义设法履行货物多式联运,包括这种运输所必需的各种服务,并在本规则所规定的范围内,承担这种运输及服务义务。

(b)对其代理人或雇佣人员在受雇范围内行事的作为或不作为,如同对其自己的作为或不作为一样,承担义务。

(c)对其用来为履行多式联运单证所证明的合同提供服务的其他任何人的作为或不作为,承担义务。

(d)负责履行或设法履行为确保交货所必需的一切事项。

(e)在本规则规定的范围内,对在其接管货物至交付货物期间所发生的货物的灭失或损害,承担责任,并负责按本规则的规定对有关这种灭失或损害进行赔偿。

(f)在规则 14 所规定的范围内,承担迟延交货的责任,并负责按该条规则的规定进行赔偿。

当事人的权利和义务

规则 6

在本规则特别要求的资料之外,当事人应在多式联运单证上载明其协议的商业上所需要的事项。

规则 7

在多式联运经营人接管货物时,发货人应被视为已向多式联运经营人保证其提供的货物品名、标志、号数、数量、重量和(或)体积准确性,并应向多式联运经营人赔偿由于这些事项的不准确或不充分所引起或造成的一切灭失、损害和费用。多式联运经营人这种获得赔偿的权利,不得限制其根据多式联运单证对发货人以外的任何人所承担的责任和义务。

规则 8

发货人应遵守国内法律或国际公约中关于危险货物运输的强制性规定,并在任何情况下,在多式联运经营人接受危险货物之前,应书面将货物的确切危险性质通知多式联运经营人,并向多式联运经营人说明必要的、应采取的预防措施。如果发货人未能提供这些资料,并且,多式联运经营人也不知道货物的危险性质及应采取的必要的预防措施,以及在任何时候,此种货物被认为构成对人命或财产的危害,则可在任何地点,根据情况需要,被卸下、销毁或变为无害,而无需赔偿。由于这种货物的接管、运输或任何附带的服务所引起的一切灭失、损害、迟延交货或费用,发货人应负赔偿责任。

关于多式联运经营人知道运输该项货物的确切危险性质的举证责任,应由对货物享有权利的人承担。

规则 9

多式联运经营人应在多式联运单证上至少将其所接管并承担义务的货物数量和(或)重量和(或)体积和(或)标志清楚地予以载明。

在本条规则第一款规定情况下,如果多式联运经营人有合理的根据怀疑多式联运单证上所记载的关于货物的品名、标志、件数、数量、重量和(或)体积的事项,并不能准确地表明实际接管的货物,或者,多式联运经营人对这些事项没有合理的条件加以核对,则多式联运经营人有权在多式联运单证上作出保留,但应指明这种保留所指的具体事项。

多式联运单证应是多式联运经营人按照其上记载情况接管货物的初步证据,当多式联运单证是以可转让的方式签发,且已被转移至善意行事的第三人时,与其相反的证据将不予承认。

规则 10

除按规则 15 已将货物作灭失处理以外,如果根据多式联运单证有权提货的人在货物交其接管之时或之前,在交付地点,未将载明货物灭失或损害的一般性质的书面通知送交多式联运经营人或其代表,或者,如果货物灭失或损害不明显,未在交货后连续 7 天内,送交此种书面通知,则应视为多式联运经营人已按多式联运单证记载的状况交货的初步证据。

对灭失或损害的赔偿责任

A. 不知道发生灭失或损害的运输区段时应适用的规则

规则 11

根据规则 5 第(e)项,多式联运经营人对货物的灭失或损害应负责赔偿,但不知道发生灭失或损害的运输区段时:

(a)此种赔偿的金额应参照此种货物在交付给收货人之时当地的价值,或者根据多式联运合同此种货物本应交付之时当地的价值,进行计算。

(b)货物的价值应参照现时商品交易价格确定;如果没有此种价格,参照现时市场价格规定;如果既没有商品交易价格,又没有现时市场价格,参照同种类和同质量货物的正常价值确定。

(c)每千克遭受灭失或损害的货物的赔偿金额不得超过30法郎。除非经多式联运经营人同意,发货人已申报了较高的货物价值,并已在多式联运单证上注明,在这种情况下,赔偿限额为此种较高的价值。

但是,在任何情况下,多式联运经营人的赔偿金额不应超过有索赔权的人的实际损失。

规则12

如果不知道发生灭失或损害的运输区段,则对下列原因造成的灭失或损害,多式联运经营人不承担规则5第(e)项规定的赔偿责任:

(a)发货人或收货人,或者,除多式联运经营人以外的、代表发货人或收货人行事的人,或多式联运经营人从其接管货物的人的作为或不作为。

(b)包装或标志不充分或有缺陷。

(c)发货人或收货人,或者代表发货人或收货人行事的任何其他人对货物的操作、装载、积载或卸载。

(d)货物的潜在缺陷。

(e)罢工、关厂、停工或劳动受限制,并且在多式联运经营人采取合理谨慎的措施后,仍不能避免其后果。

(f)多式联运经营人不能避免的任何原因或事件,并且多式联运经营人采取合理谨慎的措施后仍不能防止其后果。

(g)根据所适用的国际公约或者制约有关核能的责任的国内法,核装置的经营人或代其行事人应对此种核事故损害负责。

证明货物的灭失或损害是由于上述一种或多种原因或事件所引起的举证责任,由多式联运经营人承担。

如果多式联运经营人根据事故的情况,证实货物的灭失或损害可归因于上述(b)~(d)项中载明的一种或多种原因或事件,则应推定货物的灭失或损害因此而造成。但是,索赔人有权利证明货物的灭失或损害事实上全部或部分地不是由于上述一种或多种原因或事件所造成。

B. 知道确定货物灭失或损害发生的运输区段时应适用的规则

规则13

根据规则5第(e)项,多式联运经营人应对货物的灭失或损害负责赔偿,并且知道这种灭失或损害发生的运输区段时,多式联运经营人对这种灭失或损害的责任应取决于:

(a)任何国际公约或国内法律的规定。

(i)不能通过民间合同而背离这些规定,损害索赔人的利益。

(ii)假如索赔人已与多式联运经营人就发生灭失或损害的特定运输区段单独签订直接的合同,并且收到为使这种国际公约或国内法律能够适用而必须签发的任何特定单证作为证明,这些规定本应适用。

(b)与发生灭失或损害时用于运输货物的运输方式所进行的运输有关的任何国际公约中的规定,条件是:

(i)根据规则13第(a)项中的规定,其他国际公约或国内法律将不适用。

(ii)多式联运单证上明确规定,该公约中的所有规定,将制约此种运输方式所进行的货物运输;当此种运输方式是海上运输方式时,这些规定将适用于无论是在舱面还是在舱内装运的所有货物。

（c）联运经营人和任何分立合同的人签订的任何内河运输合同中的规定,条件是：

（i）根据本条规则第(a)项,任何国际公约或国内法律均不适用；或者,不能根据本条规则第(b)项,通过明文规定而适用或本可使之能适用。

（ii）多式联运单证中明确规定应适用此种合同条款。

（d）根据规则11和规则12的规定,其条件是上述第(a)、(b)和(c)项都不适用。

在不违背规则5第(b)和(c)项的条件下,如果根据前款规定,多式联运经营人的责任应根据国际公约或国内法律确定。其责任的确定应视同此种国际公约或国内法律中规定的承运人。但是,当货物的灭失或损害是由于或归因于多式联运经营人自身职责范围内的作为或不作为,或其受雇人员或代理人以此种身份行事,而不是在运输过程中的作为或不作为造成的,则不得免除多式联运经营人的责任。

迟 延 责 任

规则 14

只有当知道迟延所发生的运输区段,并在国际公约或国内法律规定的赔偿责任范围内,多式联运经营人才有责任支付迟延赔偿。该国际公约或国内法律的规定：

（a）不能通过民间合同而予以背离,使索赔人的利益受到损害。

（b）假如索赔人已与作为该运输区段经营人的多式联运经营人单独签订直接的合同,并且收到为使这种国际公约或国内法律能够适用而必须签发的任何特定单证作为证据,便本应适用。

但是,这种赔偿金额不得超过该运输区段的运费金额,但这一限额不得与所适用的任何国际公约或国内法律的规定相抵触。

其 他 条 款

规则 15

如未在约定的、并在多式联运单证上载明的期限届满后90天内交货,或者,如果没有此种约定并载明这种期限,未在允许勤勉地完成多式联运所需要的合理时间届满后90天内交货,有权提取货物的人有权视该货物已经灭失,除非存在相反的证据。

规则 16

本规则所规定的抗辩和责任限制,应适用于因货物灭失、损害或迟延交货而对多式联运经营人提出的任何诉讼,而不论这种诉讼是以合同还是以侵权行为为根据。

规则 17

如经证明,货物的灭失或损害是由于多式联运经营人有意造成损害,或明知可能造成损害而轻率地作为或不作为所造成,多式联运经营人便无权享受规则11规定的责任限制。

规则 18

本规则中的任何规定,不应妨碍多式联运经营人在多式联运单证中列入保护其代理人或受雇佣人,或是为其履行被联运单证证明的合同而提供服务的任何其他人的条款。但是,这种保护不得超过给予联运经营人本人的保护。

时　效

规则 19

如果诉讼未在下列时间后 9 个月内提出,多式联运经营人应被解除其根据本规则承担的一切责任。

(a) 货物交付之日。

(b) 货物本应交付之日。

(c) 按照规则 15 的规定,在没有相反证据的情况下,因不能交付而赋予有权提取货物的人视货物已经灭失的权利之日。

《1991年联合国贸易和发展会议/国际商会多式联运单证规则》

1. 规则的适用

1.1 本规则不论以书面、口头或其他方式将"贸发会议/国际商会多式联运单证规则"纳入运输合同,不论是订有涉及一种运输方式或者多种运输方式的合同,也不论是否签发了单证,本规则将予以适用。

1.2 在作出1.1款的这种纳入后,当事各方同意,本规则应当超越任何与本规则抵触的多式联运合同附加条款,除非这些条款增加多式联运经营人的责任或义务。

2. 定义

2.1 "多式联运合同"是指以至少通过两种不同的运输方式运送货物的合同。

2.2 "多式联运经营人"(MTO)是指签订一项多式联运合同并以承运人身份承担完成此项合同责任的任何人。

2.3 "承运人"是指实际完成或承担完成此项运输或部分运输的人,不管他是否与多式联运经营人属于同一人。

2.4 "托运人"是指与多式联运经营人签订多式联运合同的人。

2.5 "收货人"是指有权从多式联运经营人接收货物的人。

2.6 "多式联运单证"是指证明多式联运合同的单证,该单证可以在适用法律的允许下,以电子数据交换信息取代。

(a)以可转让方式签发;

(b)表明记名收货人,以不可转让方式签发。

2.7 "接管"是指货物已提交给多式联运经营人运送并由其接受。

2.8 "交付"是指:

(a)将货物交给收货人;

(b)按照多式联运合同或者交付地适用的法律或特殊贸易习惯,并货物置于收货人的支配之下;

(c)根据交付地适用的法律或规定,将货物交给必须交给的当局或第三方。

2.9 "特别提款权"(SDR)是指国际货币基金的记账单位。

2.10 "货物"是指任何财产,包括活动物,也包括非由多式联运经营人提供的集装箱货盘或类似的装载或包装工具,不论它们将要或已经装在舱面或舱内。

3. 载入多式联运单证的资料的证据效力

载入多式联运单证的资料的证据效力载入多式联运单证的资料应当是多式联运经营人按照此种资料接管货物初步证据,除非已有相反的注明,例如"托运人的重量、装载和计数"、"托运人装载的集装箱"或类似表述已在单证上以印就文本或批注作出。在多式联运单证已经转让或者等同的电子数据交换信息已经传输给收货人并经其接受,收货人又是善意信赖并据以行动的情况下,多式联运经营人提出的反证不予接受。

4. 多式联运经营人的责任

4.1 责任期。

按照本规则,多式联运经营人对于货物的责任期间自其接管货物之时起到交付货物之时为止。

4.2 多式联运经营人为其受雇人、代理人和其他人负担的赔偿责任多式联运经营人应当对其受雇人或代理人在其受雇范围内行事时的行为或不为负赔偿责任,或对其为履行多式联运合同而使用其服务的任何其他人的行为或不为负赔偿责任,一如其自己的行为或不为一样。

4.3 向收货人交付货。

多式联运经营人为保证货物的交付,负责履行或安排履行下列必要的事项:

(a) 如多式联运单证是以可转让方式"向持单人交付"签发的,则应向提交一份正本单证的人交付货物。

(b) 如多式联运单证是以可转让方式"按指示交付"签发的,则应向提交一份经背书的单证的人交付货物。

(c) 如多式联运单证是以可转让方式"向记名人交付"签发的,则应向提交一份正本单证和本人身份证明的人交付货物;如果此种单证已以"按指示交付"或空白背书转让的项规定应予适用。

(d) 如多式联运单证以不可转让方式签发的,向单证上记名的收货人凭其身份证明交付货物。

(e) 没有签发单证的,应向托运人所指示的人交付,或者向按多式联运合同已获得托运人或收货人的权利的人所作出的此种指标的人交付货物。

5. 多式联运经营人的赔偿责任

5.1 赔偿责任基础。

除规则5.4和规则6所规定的免责事项外,多式联运经营人应当对货物的灭失、损坏和延迟交付负赔偿责任,如果造成货物的灭失、损坏或延迟交付的事故发生在规则4.1所规定的货物由其掌管的期间,除非多式联运经营人证明,其本人、受雇人、代理人或规则4所规定的任何其他人对造成此种灭失或损坏或延迟交付没有过失或疏忽。但是,多式联运经营人不应当对货物延迟交付所造成的损失负赔偿责任,除非托运人对如期交付的利益作出声明,并经多式联运经营人接受。

5.2 延迟交付。

货物未在明确协议的时间内交付的,或者虽无此种协议,但未在按照具体情况,对一个勤勉的多式联运经营人所能合理要求的时间内交付的,即为延迟交付。

5.3 延迟交付转为灭失。

如果货物未在按照规则5.2确定交付日期届满后连续90日内交付,在无相反证据的情况下,索赔人即可认为该货物已经灭失。

5.4 海上或内河运输的免责条款。

尽管有规则5.1的规定,多式联运经营人对在海上或内河运输中由于下列原因造成的货物灭失或损坏以及延迟交付不负赔偿责任。

承运人的船长、船员、引航员或受雇人在驾驶和管理船舶中的行为、疏忽或过失。

火灾,除非由于承运人的实际过失或私谋所造成。但是,只要货物的灭失或损坏是由于船舶不适航所造成的,多式联运经营人就要证明,他已经谨慎处理使船舶在航次开始时适航。

5.5 赔偿额的估算。

5.5.1 货物灭失或损坏的赔偿额应按交付给收货人的地点和时间或者按照多式联运合同应当交付的地点和时间的货物价值估算。

5.5.2 货物的价值应按当时商品交换价格计算,或者无此价格时,按照当时市场价格,或者上述两种价格都没有时,则按同类和同质量的货物正常价格计算。

6. 多式联运经营人的赔偿责任限制

6.1 除非在多式联运经营人接管货物之前,已由托人对货物的性质和价值作出声明并已在单证上注明,多式联运经营人在任何情况下对货物灭失或损坏的赔偿额不得超过每件或每单位 666.67SDR 或者毛重每公斤 2SDR,以其高者为准。

6.2 如果一个集装箱、货盘或类似运载工具载有一件或一个单位以上的货物,则在单证上列明的装载在此类运载工具中的件数或货运单位数即视为计算限额的件数或货运单位数。未按上述要求列明者,此种运载工具应作为该件或单位。

6.3 尽管有上述规则,如果按照多式联运合同,多式联运不涉及海上或内河运输的,多式联运经营人的赔偿责任以不超过灭失或损坏货物毛重每公斤 8.33SDR 为限。

6.4 如果货物的灭失或损坏发生在多式联运中的某一特定区段,则适用于该区段的国际公约或强制性的国家法律规定了另一项责任限额,如同对这一特定区段订有单独的运输合同一样,则多式联运经营人对此种灭失或损坏的赔偿责任限制应当按照引种公约或强制性国家法律的规定计算。

6.5 如果多式联运经营人对于延迟交付引起的损失或者非属货物灭失或损坏的间接损失,负有赔偿责任,则其赔偿责任应当以不超过根据多式联运合同计收的多式联运运费为限。

6.6 多式联运经营人的赔偿责任总额,不应超过货物全部灭失的责任限额。

7. 多式联运经营人责任限制权利的丧失

如经证明货物的灭失或损坏或延迟交付是由于多式联运经营人本人故意引起的或者知道可能造成而毫不在意的行为或不为所引起的,则多式联运经营人就无权享受赔偿责任限制的利益。

8. 托运人的赔偿责任

8.1 多式联运经营人接管货物时,托运人应当视为已向多式联运经营人保证,他或以他的名义在多式联运单证中所提供的货物品类、标志、件数、重量、体积和数量以及货物的危险特性(如果适用的话),应概属正确。

8.2 托运人应当向多式联运经营人赔偿因上述事面的不正确或不适当而引起的任何损失。

8.3 即使托运人已将多式联运单证转证,托运人仍应负赔偿责任。

8.4 多式联运经营人取得这种赔偿的权利丝毫也不限制他按照多式联运合同对托运人以外的任何人应负的赔偿责任。

9. 货物灭失或损坏的通知

9.1 除非收货人在货物交付给他时,将说明灭失或损坏的一般性质的货物灭失或损坏书面通知送交多式联运经营人,否则,此种货物的交付即为多式联运经营人已将多式联运单证所载明的货物交付给收货人的初步证据。

9.2 在货物的灭失或损坏不明显时,如果在货物交付收货人之日后连续6日内未送交书面通知,则应当适用上述初步证据的效力。

10. 诉讼时效

除另有明确协议外除非在9个月内提起诉讼,多式联运经营人应当被解除按本规则规定的赔偿责任。上述时限从货物交付之日或货物应当交付之日起算,或者按照规则5.3规定,由于未交付货物,收货人有权视为货物灭失之日起算。

11. 本规则对侵权行为的适用

本规则适用于对多式联运经营人提出的有关履行多式联运合同的所有索赔,不论其索赔基于合同还是侵权行为。

12. 本规则适用于多式联运经营人的受雇人、代理人和受雇于他的其他人

本规则适用于向多式联运经营人的受雇人、代理人或者为了履行多式联运合同所使用为其服务的其他人提出的有关履行多式联运合同的索赔,不论索赔基于合同还是侵权行为。多式联运经营人的受雇人、代理人以及其他人的赔偿责任总额,不得超过规则6所规定的赔偿责任限额。

13. 强制性法律

本规则只在不违犯适用于多式联运合同的国际公约或国家法律的强制性规定的范围内生效。

附录四 《海商法》中对多式联运的规定

第一百零二条 本法所称多式联运合同是指多式联运经营人以两种以上的不同运输方式,其中一种是海上运输方式,负责将货物从接收地运至目的地交付收货人,并收取全程运费的合同。

前款所称多式联运经营人是指本人或者委托他人以本人名义与托运人订立多式联运合同的人。

第一百零三条 多式联运经营人对多式联运货物的责任期间,自接收货物时起至交付货物时止。

第一百零四条 多式联运经营人负责履行或者组织履行多式联运合同,并对全程运输负责。

多式联运经营人与参加多式联运的各区段承运人,可以就多式联运合同的各区段运输,另以合同约定相互之间的责任。但是,此项合同不得影响多式联运经营人对全程运输所承担的责任。

第一百零五条 货物的灭失或者损坏发生于多式联运的某一运输区段的,多式联运经营人的赔偿责任和责任限额,适用调整该区段运输方式的有关法律规定。

第一百零六条 货物的灭失或者损坏发生的运输区段不能确定的,多式联运经营人应当依照本章关于承运人赔偿责任和责任限额的规定负赔偿责任。

附录五　部分专业术语（中英文对照）

实际毛重	Actual Gross Weight
附加险	Additional Risks
海空联运	Air-bridge Service
一切险	All Risks
运费付至目的地	CPT——Carriage Paid to
运费、保险费付至目的地	CIP——Carriage and Insurance Paid to
计费重量	Chargeable Weight
集装箱货运站	CFS——Container Freight Station
集装箱装箱单	Container Load Plan
集装箱发放通知单	Container Release Order
成本加运费	C&F——Cost and Freight
CFR 舱底交货	CFR EX Ship's Hold
CFR 吊钩交货	CFR EX Tackle
CFR 班轮条件	CFR Liner Terms
CFR 卸到岸上	CFR Landed
成本、保险费加运费	CIF——Cost、Insurance and Freight
场到门	CY to Door
场到场	CY to CY
场到站	CY to CFS
站到门	CFS to Door
站到场	CFS to CY
站到站	CFS to CFS
破损	Damage
边境交货	DAF——Delivered at Frontier
目的港船上交货	DES——Delivered EX Ship
目的港码头交货	DEQ——Delivered EX Quay
未完税交货	DDU——Delivered Duty Unpaid
完税后交货	DDP——Delivered Duty Paid
交货记录	Delivery Record
场站收据	D/R——Dock Receipt
门到门	Door to Door
门到场	Door to CY
门到站	Door to CFS
空箱提交单	Equipment Dispatch Order
设备交接基本条件的协议	Equipment Interchange Agreement

集装箱设备交接单	E/R——Equipment Interchange Receipt
出口国工厂交货	EXW——EX Works
仅作议付用	For Negotiable Only
货运代理人提单	FORWARD——B/L
多收货运单	FDAW——Found AWB
多收货物	FDCA——Found Cargo
船边交货	FAS——Free Alongside Ship
货交承运人	FCA——Free Carrier
平安险	FPA——Free from Particular Average
装运港船上交货	FOB—Free on Board
FAK 包厢费率	Freight for All Kinds
FCS 包厢费率	Freight for Class
FCB 包厢费率	Freight for Class and Basis
整箱货	FCL——Full Container Load
普通附加险	General Additional Risks
国际多式联运	International Multimodel Transport; International Combined Transport
《国际贸易术语解释通则》	INCOTERMS——International Rules for the Interpretation of Trade Terms
拼箱货	LCL——Less than Container Cargo Load
责任制	Liability Regime
基本险	Main Risks
海上运输货物保险	Marine Cargo Insurance
微桥运输	Micro-bridge
贴错标签货物	Mislabeled Cargo
少收货运单	MSAW——Missing AWB
少收货物	MSCA——Missing Cargo
标签脱落	Missing Label
多式联运单证	MTD——Multimodal Transport Document
多式联运经营人	MTO——Multimodal Transport Operator
北美大陆桥运输	North American Landbridge
北美小陆桥运输	North American Mini-bridge
无船承运人	NVOCC——Non-vessel Operating Common Carrier
无船多式联运经营人	NVOMTOS——Non-vessel Operating Multimodal Transport Operator
卸下,拉货	OFLD——Offloaded
漏卸(运过境)	OVCD——Overcarried
责任期间	Period Responsibility
港到港或多式联运	Port to Port or Multimodal Transport
漏(少)装	SSPD——Shortshipped

特别附加险	Special Additional Risks
特殊附加险	Specific Additional Risks
贸易术语	Trade Term
铁/卡联运	Tracons
铁/铁联运	Transrail
铁/海联运	Transea
联运保赔协会	TT Club
以船舶运输经营为主的多式联运经营人	VOMTOS——Vessel Operating Multimodal Transport Operator
水渍险	WA or WPA——With Average or With Particular Average
体积重量	Volume Weight
"仓到仓"条款	Warehouse to Warehouse Clause
航空运费	Weight Charge

附录六 技能训练评价表

技能训练评价表

专业			班级		学号		姓名	
考评地点								
考评内容								
考评标准			内容				分值(分)	评分(分)
	学生自评	参与度	是否积极参与学习？积极进入角色？积极动手查阅资料？积极探知知识点和思考工作方法？积极参加研讨？积极提出个人观点？				30	
	小组互评	协作力	信息传递准确？传递及时？交流融洽？				10	
		表达能力	是否口头表达顺畅？是否提出独到、深刻见解？				10	
		组织能力	是否积极参与学习？积极探知知识点和思考工作方法？积极参加研讨？				10	
	教师评价	知识掌握程度	对概念的理解是否清晰？对以往学过基础知识掌握是否牢固？				10	
		协作力	信息传递准确？传递及时？交流融洽？				10	
		表达能力	是否口头表达顺畅？是否提出独到、深刻见解？				10	
		组织能力	是否积极参与学习？积极探知知识点和思考工作方法？积极参加研讨？				10	
			总评				100	

参 考 文 献

[1] 杨志刚,王立坤,周鑫. 国际集装箱多式联运实务与法规[M]. 北京:化学工业出版社,2008.
[2] 杨志刚,王立坤,周鑫. 国际集装箱多式联运实务法规与案例[M]. 北京:人民交通出版社,2006.
[3] 孙家庆. 集装箱多式联运[M]. 北京:中国人民大学出版社,2010.
[4] 陈琳,蔡卫卫. 集装箱多式联运[M]. 上海:上海财经大学出版社,2006.
[5] 曾立新. 海上保险学[M]. 北京:对外经济贸易大学出版社,2001.
[6] 陈心德,等. 集装箱运输与国际多式联运管理[M]. 北京:清华大学出版社,2008.
[7] 段满珍. 国际集装箱运输与多式联运[M]. 北京:清华大学出版社,北京交通大学出版社,2011.
[8] 武德春,武骁. 国际多式联运实务[M]. 北京:机械工业出版社,2007.
[9] 武德春,武骁. 集装箱运输实务[M]. 3版. 北京:机械工业出版社,2011.
[10] 武德春,鲁广斌. 集装箱运输管理[M]. 北京:机械工业出版社,2007.
[11] 孙明,王学锋. 多式联运组织与管理[M]. 上海:上海交通大学出版社,2011.
[12] 赵一飞. 多式联运实务与法规[M]. 上海:华东师范大学出版社,2007.
[13] 中国国际货运代理协会. 国际陆路货运代理与多式联运理论与实务(2010年版)[M]. 北京:中国商务出版社,2010.
[14] 王鸿鹏. 国际集装箱运输与多式联运[M]. 2版. 大连:大连海事学院出版社,2010.
[15] 陈心德,姚红光,李程. 集装箱运输与国际多式联运管理[M]. 北京:清华大学出版社,2008.
[16] 刘雪梅. 集装箱运输与多式联运实务[M]. 北京:机械工业出版社,2011.
[17] 陈玉梅. 多式联运中的承运人法律地位与权利义务研究[M]. 北京:中国社会科学出版社,2010.
[18] 顾丽亚. 国际多式联运实务[M]. 北京:人民交通出版社,2008.
[19] 解云芝. 集装箱运输与多式联运[M]. 北京:中国物资出版社,2006.
[20] 朱晓宁. 集装箱运输与多式联运[M]. 北京:中国铁道出版社,2005.
[21] 阿格达斯·萨克雷斯,王鹏,邵琳,王瑞亮. 波罗的海多式联运交通走廊[M]. 北京:中国物资出版社,2012.
[22] 赵园园,周静. 运输管理实务[M]. 北京:人民邮电出版社,2011.